DILE ADIÓS
al
PASADO

DILE ADIÓS
al
PASADO

CRISTINA DE HASBÚN

CASA
CREACIÓN
A STRANG COMPANY

Dile adiós al pasado por Cristina de Hasbún
Publicado por Casa Creación
Una compañía de Strang Communications
600 Rinehart Road
Lake Mary, Florida 32746
www.casacreacion.com

A menos que se indique lo contrario, todos los textos bíblicos
han sido tomados de la versión Reina-Valera, de la *Santa Biblia*,
revisión 1960. Usado con permiso.

Revisión y edición por: *Gisela Sawin*
Diseño interior por: *Grupo Nivel Uno, Inc.*

Library of Congress Control Number: 2006944936

ISBN: 978-1-59185-846-1

Impreso en los Estados Unidos de América

7 8 9 10 ❖ 6 5 4 3 2

CONTENIDO

AGRADECIMIENTOS

Quiero agradecer:

A mi esposo, Juan Carlos, por su incondicional apoyo. ¡Las semanas que tuvo que ser mamá y papá, para que yo pudiera apartarme a escribir estas páginas! ¡Gracias, amor!

A mi hermano Ernesto y su esposa Luz María, por sus comentarios, que fueron de gran bendición, y por recibirme en su casa para poder escribir.

A mis hijos, por su paciencia al compartirme con el ministerio que Dios ha puesto en mis manos. Gracias, por ser los primeros en creer en lo que Dios puede hacer a través de mi vida. ¡Los amo!

A Tessie DeVore, muy especialmente, por obedecer la voz de Dios y por ser la persona que Dios usó para que este libro se publicase. ¡Gracias, Tessie!

A Strang Comunications, por abrirme las puertas y por ser el canal que llevará la bendición a muchas vidas, a través de estas páginas; en especial, a Joy Strang, por convertirse en una conexión divina en mi vida y en mi ministerio.

Por sobre todo, quiero agradecer a Dios, por darme vida, por estar conmigo en todo momento, por animarme a soñar y por enseñarme a creer en todo lo que Él habla a mi vida.

Este libro surgió en el corazón de Dios hace tres años, y Él movió todas las piezas para que llegara a ser una realidad. Una de las cosas más grande que hizo es mostrarme la vida plena en Él. La cual he querido plasmar en este libro.

Sin ti, Señor, sería imposible haber escrito estas páginas. Gracias, porque me diste ánimo, fuerza, fe; y por haber sido mi guía, a través del Espíritu Santo, para escribir. ¡Te amo, te amo, Señor! ¡Gracias!

Gracias, a todos los que me apoyaron en oración; no escribo los nombres, pues me llevaría unas cuantas páginas ponerlos a todos. ¡Gracias! Sus oraciones hicieron la diferencia.

INTRODUCCIÓN

U na gran multitud de personas anhelan caminar con Dios y
consagrarse a Él. Desean vivir saludablemente y en completa libertad en todas las áreas de la vida, para tener éxito. Pero
muchas de ellas están tratando de olvidar un pasado difícil para
poder seguir adelante. Creen que si lo encierran en una caja para
siempre, ya no estorbará en su camino. Lo que no saben es que
ignorar un pasado no significa que éste haya sido sanado. Todas las
experiencias difíciles de la vida —aun cuando hayan ocurrido hace
décadas—, si no son resueltas apropiadamente, dejarán heridas
abiertas que influirán en las decisiones que se tomen. Esa es una de
las razones por la cual muchos se sienten frustrados en su caminar
con Dios, pues, por más que lo intentan, no pueden permanecer en
la libertad que les ha sido dada. Cuando logran algún cambio, este
desaparece en menos tiempo de lo que tomaron para alcanzarlo.
Así, se cansan y, a veces, hasta llegan a creer que nunca lograrán uno
verdadero ni podrán vivir en completa libertad.

Un pasado que no está sano empañará la forma en la que vemos
la vida y a Dios, afecta directamente nuestra relación con Él y, por

supuesto, nuestro caminar. Ver a Dios de una forma distorsionada nos llevará a interpretar la Palabra erróneamente. Sentiremos una carga en vez de la verdadera libertad que nos da su Palabra y traerá como consecuencia un alejamiento de Dios.

Lamentablemente, hay muchos hijos de Dios que cuando fallan tienen miedo o vergüenza de buscar a Dios, aunque solo en Él podemos ser libres. Otros están esperando caminar en santidad para sentirse libres de entrar a su presencia. El temor a Dios se ha cambiado por miedo a Dios. Pareciera que la mayoría está tratando de esconder sus debilidades y presentan solamente sus áreas fuertes, como si sus debilidades los convirtieran en personas indignas delante de los demás.

Necesitamos un corazón sano y la renovación de nuestra mente para poder descubrir la grandeza, la belleza, la misericordia y la gran herencia de nuestro Dios. Solo así podremos comenzar a conocerlo y entenderlo. Al derribar todo argumento que nos separa de Dios, experimentaremos la verdadera seguridad que Él nos da, ya que su amor incondicional siempre nos rodeará. No solo podrás disfrutar de una genuina relación con Dios, sino que vivirás en la plenitud de la cual Jesús habla en la Palabra.

Podrás usar el poder de Dios para permanecer en libertad y descubrir la vida que estaba escondida con Cristo en Dios.

Pues todo lo que antes no podías ver se hará visible para ti, y todos los engaños del enemigo y de tu propio corazón, serán descubiertos, teniendo así la ventaja en todas las batallas, la cual te asegurará la victoria.

Leyendo estas páginas, no solo encontrarás la forma de sanar tu pasado, sino que aprenderás a conocer el corazón de Dios. Te liberarás de todo aquello que estorbaba tu caminar y alcanzarás un nivel de vida sobrenatural.

El corazón de Dios se ha derramado sobre estas páginas para afirmarte, levantarte y darte completa libertad. Dios quiere restaurarte para que nada ni nadie pueda separarte de su amor y, a la vez, vivir en el maravilloso propósito de Dios para tu vida.

CRISTINA DE HASBÚN

Capítulo Uno

HERIDAS IGNORADAS

Tal vez, en este momento te estás preguntando: ¿Por qué hablar de un pasado que todos queremos olvidar, si el presente es más importante que algo que ya pasó?

Déjame decirte que tienes razón, pero solo en parte. Pues es, precisamente, la importancia del presente la que nos hace hablar de las huellas que nuestro pasado ha dejado en cada uno de nosotros, especialmente, de aquellas que nos marcaron de una forma negativa. Aquellas situaciones que, por no haber sido resueltas correctamente, influirán en tu vida actual y, por lo tanto, afectarán tu futuro. A través de estas páginas, trataré de explicar cómo el pasado repercute en tu presente.

La mayoría de las personas no fueron enseñadas a lidiar con las circunstancias negativas de la vida. Más bien, cada uno de nosotros luchamos con ellas como mejor nos pareció o de acuerdo con los consejos que recibimos de las personas que estuvieron cerca, en esos momentos. Seguramente, has escuchado consejos como estos: «No le prestes atención, ignóralo»; «No te preocupes, el tiempo sana las heridas»; «Ama solo a los que te aman»; «Que no te importe, ya recibirá su merecido»; «Hay que pagarle con la misma moneda para que vea lo que se siente»; «No demuestres lo que sientes para que crean que eres fuerte»; o «Has de cuenta que no ha pasado nada» y la lista continúa. Todos ellos, en su momento, parecieron lógicos, favorables y, a veces, hasta inocentes. Pero, en realidad, son destructivos y marcan tu comportamiento negativamente para el resto de tu vida, ya que ninguno de ellos resuelve el problema de una manera real; solamente lo oculta. Un pasado no resuelto hace que las heridas permanezcan con vida. De modo que, aunque pasen los años, están tan abiertas como si hubiesen ocurrido ayer.

Es así como tu presente es gobernado por un pasado en el que casi nunca piensas, pero que, sin darte cuenta, te ha estado robando tu vida entera. No te percatas de que tu reacción hacia los problemas recibe influencia de las heridas que guardas en tu corazón.

Consejos equivocados

Es fácil llegar a creer que el pasado yo no es importante, lo cual se vuelve cierto cuando ha sido resuelto de la manera correcta; pero si no es así, albergas heridas en tu corazón, que, silenciosamente, gobiernan tu manera de comportarte y de ver la vida, aun cuando no sientes más su dolor.

Déjame explicarte cómo es que esto sucede. Cuando alguien te dice: «No le prestes atención», «Ignora lo sucedido» o «Has de cuenta que no ha pasado nada», básicamente, lo que te está aconsejando es que no hagas nada al respecto, que no le des importancia al problema.

A decir verdad, existen ciertas cosas a las que no les deberíamos dar importancia, pero si lo que te han hecho ya causó daño en tu corazón, y por seguir este tipo de consejos no le das importancia a lo que pasa dentro de ti, lo que has decidido, sin darte cuenta, es permanecer herido.

El propósito de estos consejos es evitar el sufrimiento. Esto suena lógico, ya que a nadie le gusta sufrir, pero no borra el hecho de que tu corazón ya fue afectado por lo ocurrido. Por lo tanto, al seguirlos, niegas tu verdadera condición. En otras palabras, estás huyendo del dolor; aunque la realidad es que puedes huir de un lugar físico, pero no de las heridas que llevas dentro. Aunque no las veas, irán contigo donde quiera que vayas.

La misma Palabra de Dios nos enseña a arreglar las diferencias que podamos tener con los demás (ver Mateo 5:23-24). Por lo tanto, dejar las cosas sin resolver no es la solución. Debes enfrentar la situación para que la herida no quede abierta, y tu corazón pueda ser restaurado. Muchas veces, no lo haces para evitar más dolor, creyendo que, si lo dejas así, sufrirás menos. Pero esto no es verdad; más bien, el sufrimiento se prolongará al no solucionar el problema. Tal vez, llegue un momento de tu vida en que ya no sientas dolor, pero la huella de la herida te hará comportarte o responder a otras ofensas de una manera incorrecta. Esto te hará daño a ti y a los que están a tu alrededor. Por ejemplo, cuando una herida queda abierta, las personas desarrollan miedo a volver a ser dañados de la misma manera. Si has sido traicionado por alguien a quien amabas y no resuelves el problema, esto te llevará a desconfiar de los demás y te privarás de amar con libertad, pues creerás que te podrán fallar de nuevo. Esto traerá soledad a tu vida, con daños emocionales que podrías haber evitado. Creerás que todo lo que haces es para protegerte del dolor, cuando son exactamente estas decisiones las que te llevan a aumentar el sufrimiento. Pues, sin darte cuenta, la herida que decidiste ignorar te privará de creer en los demás y de disfrutar del amor, ya que si no puedes amar con libertad, tampoco podrás ser amado así. Al no enfrentar la situación de la manera correcta, lo único que habrás logrado es prolongarlo y causar más daño a tu vida, en lugar de evitarlo. Ignorar la situación, a veces, parece ser lo correcto o lo más fácil, pues experimentas cierta calma que te hace pensar que todo está bien. Pero esta condición no es real, pues lo único que ha sucedido es que has reprimido tus emociones, y eso hace que no las percibas. En verdad, el daño ha quedado ignorado en tu corazón, y esto perjudicará tu comportamiento.

Considera el caso de Rosa. Durante el primer año de casada, descubrió a su pareja manteniendo una relación sexual extramarital. Cuando su familia se enteró, comenzó a darle consejos para salvar su matrimonio, diciéndole: «Cuando llegue del trabajo, recíbelo como si nada hubiera pasado. Mantente sonriente, pues lo que quieres lograr es que él no se vaya de la casa. Recuerda que es mejor vivir en el rincón de un terrado que con una mujer contenciosa. Cocínale lo que le gusta. Arréglate para él. No hables del tema, y verás cómo volverá a ser fiel».

Mientras tanto, Rosa se sentía sola, triste, angustiada, enojada, herida, y sin la libertad de poder expresar sus emociones, ya que los consejos que había recibido de las personas que más amaba le comunicaban que para ser una buena mujer debía comportarse de esa manera. Así, decide guardar silencio, creyendo erróneamente que, de no hacerlo así, sería una mala mujer. Aquellos mismos consejos, dados con una buena intención, lo único que lograron fue desviarla de la manera más apropiada de solucionar los problemas. Aparentemente las cosas están bien, pero la realidad es que la relación queda fracturada en su interior, lo cual tarde o temprano saldrá a la luz para poner en evidencia que el resultado fue superficial. Nada se solucionó, solo añadió otra herida al corazón, por la agonía de callar su dolor.

Esto es igual que el consejo de «el tiempo sana las heridas». Muchos han llegado a creer que realmente es cierto, ya que, a medida que el tiempo pasa, pareciera desaparecer el dolor. Lo que no han notado es que se esconde, y por esa razón no lo perciben más. Sin embargo, ante una situación similar o al enfrentar nuevamente a las personas que estuvieron involucradas, ese dolor que se creía desaparecido, de repente, cobra vida y marca la reacción frente a las circunstancias y las personas.

Los traumas y las heridas del pasado controlarán constantemente tu comportamiento hacia los demás. Especialmente, en situaciones similares o en aquellas que tocan las áreas lastimadas de tu corazón. Por lo cual, es solo cuestión de tiempo que todo lo que habías escondido e «ignorado» en tu corazón cobre vida delante de tus ojos. Por ello, muchas veces, te has preguntado: «¿Por qué esto me afecta tanto? ¡No debería darle tanta importancia, no debería dolerme de esta manera!». Esto es exactamente lo que refleja que el corazón ha permanecido herido.

Recuerda que ignorar algo no significa que no sucedió o que no este ahí. Por lo tanto, creer que el tiempo sana las heridas solo ha dejado a tu corazón sin el cuidado debido para ser restaurado, por lo que no estará en una óptima condición en medio del dolor, la aflicción o los diferentes problemas de la vida.

Esto nos lleva a desarrollar patrones o mecanismos de defensa que están ligados a un corazón herido. Hoy, la mayoría de las personas no olvidamos nuestro pasado, pero lo ignoramos.

Cuando el consejo ante tu dolor es: «Págale con la misma moneda», decides no ignorar lo que te han hecho, dejas que tus emociones y pensamientos tomen el control de la situación y manifiestas tu dolor. Esto puede ocurrir de diferentes formas: con una venganza planificada, con gritos, ofensas, golpes, y así sucesivamente. Dejas salir fuera tu ira, pero no has tomado en cuenta que —no importa lo que le hagas a tu ofensor— esto no sanará la herida de tu corazón.

¡Qué fácil es confundirnos! Pues, al comportarnos de esta manera, creemos que estamos resolviendo el problema, cuando, en realidad, el dolor queda dentro y se convierte en un resentimiento que comienza acumularse. Solo es cuestión de tiempo ver cómo la vida gira en torno a él, y hace que las personas se vuelvan difíciles. Ellas expresan amargura, suelen tratar mal a los demás o desahogan en otros la frustración a través del maltrato. Muchas veces, la persona no se desquita con el agresor, sino con cualquiera que esté a su alrededor.

INSTRUCCIONES DEL FABRICANTE

Los seres humanos tenemos formas peculiares de resolver los conflictos: ignorándolos o pagando con la misma moneda, lo cual, en realidad, solo empeora las cosas. El ignorar las circunstancias no evita que hayan sucedido, y el pagar con la misma moneda nunca sana el dolor de la herida, sino que da más sed de venganza.

Ninguna de estas formas destruye el rencor que, con el tiempo, se convierte en amargura y afecta directamente nuestra conducta y la manera de ver la vida.

El rencor nace de un dolor que no se resolvió. Luego, se vuelve enojo, y éste, en resentimiento. Finalmente, se convierte en rencor dando a luz la amargura. Por eso, Dios nos aconseja en Proverbios 4:23: «*Sobre toda cosa guardada, guarda tu corazón; porque de él mana la vida*».

¡Cuán importante es nuestro corazón como para ignorar lo que queda guardado en él!

El corazón es la fuente de tu vida: lo que en él guardas marcará tu presente y tu futuro. Todos deseamos un mejor porvenir, pero ninguno de nosotros vivirá en el futuro, pues cuando este llegue, se habrá convertido en presente. Por lo tanto, hoy es cuando debes tomar las mejores decisiones para que el sueño de un futuro mejor sea una realidad. Ellas lo forjarán, y si del corazón mana la vida, debemos entender la importancia de tener un cuidado especial sobre él.

Es así como descubres que aquellos consejos, aparentemente inocentes o dados con buena voluntad, son, en realidad, una trampa astuta que hace que descuides e ignores un área vital en tu vida: tu corazón, demasiado valioso como para ignorar lo que guarda. Debemos aprender a cuidarlo, sin engañarnos a nosotros mismos. Por alguna razón, le damos más importancia a un producto electrónico que al corazón. Por ejemplo, rápidamente leemos las instrucciones de la fábrica, pues, de lo contrario, podríamos arruinarlo al intentar usarlo. No queremos perder la inversión que hemos hecho en el aparato.

Pero, cuando se trata de nuestro corazón, decidimos ignorar las instrucciones de nuestro Creador. Creemos que sin leer y seguir algunas recomendaciones, podremos cuidar muy bien de él, sin tener en cuenta el hecho de que somos imperfectos y de que podemos equivocarnos con facilidad.

Nuestra vida es demasiado valiosa e importante como para no poner atención a las instrucciones de Dios, que conoce todo y sabe cómo cuidar del corazón. Sin su guía, no descubriremos la manera correcta de hacerlo. Ya no podemos seguir pensando que somos capaces de guardarlo solos, sino que es necesario reconocer que necesitamos la ayuda de Dios. Resolver conflictos a la manera de Dios será de gran beneficio para el cuidado del corazón, y esto producirá resultados de gran valor para nuestra vida. Dios ya sabía que intentaríamos cuidarlo a nuestra manera, por eso nos dejó otra instrucción en forma de advertencia en el libro de Proverbios 14:12: «Hay camino que al hombre le parece derecho; pero su fin es camino de muerte». Tomemos en cuenta las instrucciones de nuestro fabricante.

EL DOLOR POTENCIADO

Un corazón descuidado está lleno de heridas, se enfermará y te impedirá vivir saludablemente. La perspectiva con la que ves la vida puede cambiar en forma drástica, llevándote a tomar decisiones incorrectas que producirán más daño a tu corazón. Por lo tanto, tener una vida de bendición para ti, para los tuyos y para todos aquellos que te rodean se hace casi imposible. Por esto, Dios mismo nos aconseja no descuidar el corazón, pues de él se origina la vida. Todo lo que guardamos en él producirá en nosotros el bien o el mal.

Cuando pienso en una herida abierta, puedo imaginarme el dolor que causa. Ahora, considera lo que sucedería si alguien, con mala intención o por descuido, te golpea justo en el lugar donde tienes la herida. El dolor se magnificará. Así mismo, será la reacción que tendrás hacia aquel que te golpeó. En cambio, si lo hubieras recibido en un lugar sano de tu cuerpo, ni el dolor ni tu reacción hubieran sido iguales.

Un área herida no tiene la misma resistencia que una sana. Lo que está lastimado no puede soportar ni el más mínimo golpe.

Recuerda esto: cualquier ofensa aumentará el dolor y te llevará a ver las cosas como si fuera a través de un vidrio roto, y no lograrás percibir la imagen real, sino una deformada por la condición del vidrio.

Es como la historia de un hombre que se mudó a otra ciudad. Mientras iba por el camino hacia la nueva ciudad, se encontró a un anciano y le preguntó:

—Señor, ¿podría decirme cómo son las personas que viven en la siguiente ciudad?

El hombre de edad avanzada le respondió con otra pregunta:

—¿Cómo eran las personas de la ciudad de donde proviene?

—Eran malas, deshonestas, murmuradoras, orgullosas e indeseables —respondió el visitante.

—¡Ah! —contestó el hombre de edad avanzada—. Pues la personas de la siguiente ciudad son idénticas a las de su antigua ciudad.

No había pasado mucho tiempo, cuando otro hombre se acercó al anciano y le preguntó:

—Señor, disculpe, ¿sabe usted cómo son las personas que viven en la siguiente ciudad?

A lo que el anciano preguntó a su vez:

—¿Cómo eran las personas de la ciudad de donde usted viene?

—Eran amables, de buen corazón, ayudadoras, dulces, buenas personas.

—¡Ah! —contestó el anciano— pues la personas de la siguiente ciudad son idénticas a las de su antigua ciudad.

Muchas veces, lo que percibes en tu exterior está unido a lo que llevas dentro de ti. Si examinas tu corazón, descubrirás que tú mismo tienes gran parte de la solución problema. Pero, mientras tomas decisiones influenciadas por la imagen que ves a través de un corazón herido, tu vida y la de aquellos que te rodean serán afectadas de manera negativa. Ese dolor es una señal de que algo anda mal. Los consejos que nos llevan a ignorar las causas que lo provocaron, hacen que no nos demos cuenta que nuestras actitudes no son más que los síntomas de lo que llevamos adentro.

Si durante tu vida has sido golpeado una y otra vez por el rechazo, has guardado esto en tu corazón y te casas en esta condición, cuando tu cónyuge no te haga partícipe de algo que para ti es importante, no será simplemente un olvido. Tu corazón herido magnificará la falta, haciéndote sentir tremendamente rechazado. Si eres mujer, dirás: «Mi esposo no me ama. Si me amara, me hubiera tomado en cuenta». No hay cosa peor que le pueda pasar a una mujer que sentir que su cónyuge no la ama. Si eres hombre, dirás: «Esta es una total falta de respeto a mi autoridad. ¡De qué me sirve ser cabeza del hogar, si no he de ser tomado en cuenta!». Para un hombre, esto afecta directamente su hombría y no es bueno. En cuestión de minutos, harás de un simple error un problema que terminará dañando la armonía y unión matrimonial. A la vez, te habrás formado un concepto erróneo de tu cónyuge. Esto no sólo afectará tu relación con él o ella, sino que te impedirá descubrir el verdadero conflicto. Esas heridas que habitan en el corazón hacen que veas las cosas como no son. Si no descubres el problema, no habrá solución, y continuarás en una lucha sin resultados, pues estarás aplicando el medicamento a la persona equivocada. Es decir, querrás cambiar a tu cónyuge, cuando el problema está dentro de ti. Si te das cuenta, estas heridas no son reales; es la condición de tu corazón lo que te hace creer que sí, y sufres innecesariamente.

¿Te imaginas caminar por la vida con múltiples heridas en el corazón, sin detenernos a sanar ninguna de ellas?

Es muy fácil criticar la conducta o reacciones de los demás, cuando vemos superficialmente. La mayoría de las personas tienen un corazón herido. Nos asustaría saber el porcentaje de personas que viven así y ni siquiera se han percatado de ello. Esta es una de las razones por las cuales muchos viven a la defensiva en la actualidad. Creen que la vida misma está en su contra e ignoran la verdad que los podría hacer libres.

Falsas esperanzas

Cuando caminas por la vida con un corazón dañado y las cosas no funcionan como esperabas, te escapas de la realidad, formulándote falsas esperanzas. Como el comenzar a desear una vida sin problemas.

Podemos definir esto de diferentes maneras, por ejemplo: «Esperar el día en que ya no seamos heridos o ofendidos»; «Esperar que quienes nos rodean ya no nos fallen y, mucho menos, aquellas personas a quienes amamos»; o pensar: «Aquí en la iglesia nadie me ofenderá». Lo único que esto trae es más frustración a nuestra vida. Al leer lo escrito en la Palabra de Dios, descubrimos una verdad inevitable: «*Dijo Jesús a sus discípulos: Imposible es que no vengan tropiezos; mas ¡ay de aquel por quien vienen!*» (Lucas 17:1). Si «es imposible que no vengan tropiezos», esto significa que es inevitable que en algún momento nos enfrentemos a desilusiones, traiciones, frustraciones, engaños, abusos, o diferentes golpes que hieren nuestro corazón. Por lo tanto, nos guste o no, habrá tropiezos en nuestro caminar, y será imposible que no nos enfrentemos a ellos.

Las probabilidades de ser ofendidos son infinitas, pues nadie es perfecto. Eso significa que cada uno de nosotros cometemos errores a diario que, muchas veces —consciente o inconscientemente— dañan a terceros. Es casi imposible evitar que sucedan cosas desagradables a nuestro alrededor. Por lo tanto, esperar que todo se vuelva fácil en la vida nos vuelve más vulnerables, ya que creer que la vida estará libre de problemas es solo una utopía, un sueño irreal que será destruido por las situaciones difíciles. Como resultado de esto, habrá mayor frustración y más heridas en nuestra vida. Veremos esas situaciones como una ofensa personal, reafirmando en nosotros la idea de que la vida misma y el mundo entero se han confabulado en contra nuestra, cuando eso está totalmente lejos de la realidad.

El aceptar que la vida está compuesta tanto de cosas agradables como desagradables y entender lo que el Señor Jesús dice en su Palabra nos permitirá enfrentar, de una manera más sana, las circunstancias difíciles. Sabremos que es inevitable que ciertas cosas sucedan, y aun cuando estas lleguen sin avisar, podremos reaccionar mejor, comprendiendo que esto es solamente parte de la imperfección del mundo en que vivimos, y tendremos ánimo y una actitud correcta para resolverlas.

Esta declaración de Jesús no es para quitarnos la esperanza, sino para enfocarnos en la verdad, con el propósito de ayudarnos. Saber esto hará que estemos preparados para responder a todas las circunstancias negativas de la vida. Pues, aun estando en medio de ellas, al recordar su Palabra entenderemos que es imposible no encontrar tropiezos en el camino. Por eso es importante estar junto a Él. Juan 15:5 dice: «*Yo soy la vid, vosotros los pámpanos; el que permanece en mí, y yo en él, éste lleva mucho fruto; porque separados de mí nada podéis hacer*». Si caminas junto a Él, tendrás la luz que necesitas para ver, aun en la oscuridad y la fuerza para enfrentar las circunstancias.

EN BUSCA DE UNA SOLUCIÓN

La mayoría de las veces, los problemas no nos dañan tanto como la forma en que buscamos solucionarlos. Con esto no quiero decir que lo que has pasado no te causó un gran daño, sino que la forma en que enfrentas las circunstancias, en vez de traer sanidad, hace más grande tu herida y te lleva a prolongar un dolor que podía haberse sanado en el momento.

Muy a menudo, el daño inicial no es tan grave como el que nos causamos al encarar los problemas de la manera equivocada.

Cuando caminas separado de Jesús, crees que la solución está en evitar el sufrimiento, ignorando lo ocurrido o buscando vengarte. Así, seguirás haciendo las cosas a tu manera o pondrás tu esperanza en una realidad falsa. Lo grave de esto es que no te das cuenta de lo que haces, y continuarás culpando a otros o a la vida misma de lo que te sucede, sin encontrar una salida.

Jesús nos dijo que ya no caminemos sin Él, pues no obtendremos buenos resultados (ver Juan 15:4-5). Esto nos ayuda a entender que Dios es quien tiene la respuesta, pues, separados de Él, nada podemos hacer. Pero, al mismo tiempo, es una verdad que se nos hace difícil de creer, cuando la racionalizamos a nuestra manera. Muchas personas piensan que esto no es cierto, pues tienen tiempo de caminar sin Jesús, y han hecho y logrado muchas cosas sin Él. Jesús no se refería al simple hecho de si podemos hacer algo o no, sino a que todo lo que hagamos sin Él nunca nos llevará a donde deseamos llegar. Por lo tanto, será como no haber hecho nada.

La vida sin Jesús es simplemente vanidad, y todo lo que es vanidad desaparece, deja de existir. Todo lo que hagamos sin Él no dará buen fruto. Podrás lograr éxitos y muchas otras cosas, pero nada de eso le dará a tu vida lo que necesitas. Al final de tu camino, todo se desvanecerá y parecerá que lo que hiciste fue en vano. Sólo Dios sabe llenar el vacío que existe en un ser humano, Él es el todo de los hombres.

Conozco muchas personas que parecieran tener todo el éxito humanamente deseado, pero continúan sintiéndose vacíos en su interior.

Nada de lo que hagamos, sin Dios, nos llenará por completo.

No olvides que Él es nuestro creador y conoce con precisión nuestras debilidades y fortalezas. Por lo tanto, Él sabe lo que cada uno de nosotros necesita para ser satisfecho y tener una vida plena. Entonces, con su guía, tu vida dará el fruto que deseas y tendrás plenitud. Aun en medio de la dificultad, podrás tomar las decisiones correctas que te llevarán a tener una vida saludable, que no solo te afectará a ti, sino también a los que te rodean.

EL DIVINO CONSEJO

Dios nos anima a que tomemos en cuenta su consejo, como está escrito en Proverbios 5:1-2: «*Hijo mío, está atento a mi sabiduría, y a mi inteligencia inclina tu oído, para que guardes consejo, y tus labios conserven la ciencia*». Allí está escondida la sabiduría y la inteligencia que necesitamos para vivir una vida plena. Pero, para muchos, es difícil hacerlo. Ciertamente, no es lo más sencillo, pues va en contra de nuestra naturaleza pecaminosa, que quiere hacer todo lo opuesto a lo que Dios desea.

Por esa razón, el ser humano considera que es más fácil hacer las cosas a su manera, pues caminar con Dios implica sujetar la vida y las emociones a los principios divinos. A decir verdad, no va a ser sencillo, pero de qué sirve hacer lo fácil, si al final del camino, no obtendrás los resultados que estabas buscando, sino todo lo contrario.

Déjame decirte que tomar en cuenta a Dios es mucho más que asistir a una iglesia o servir en ella. Te sorprendería saber cuántos hacen esto, pero continúan caminando por la vida, ignorando a

Dios. ¿Cómo desconoces a Dios cuando estás en la iglesia? Cuando usas su consejo a tu manera, convenciéndote a ti mismo de que debe de haber una forma más fácil de resolver el problema, ignorando el hecho de que no hay mayor sabiduría que la de Dios. Así, sigues usando tus estrategias para proteger el corazón. Caminas siendo tu propio guarda y crees que estás haciéndolo bien. Pero debes entender que andar junto con Jesús es igual a obedecer sus consejos para tu vida. Esto te llevará a tomar ventaja sobre las dificultades, aun sobre aquello de lo cual no te has percatado.

Dios lo sabe todo y desea mostrarte cosas que aún están ocultas dentro de ti, para que puedas cuidarte de ellas. Por ejemplo, Jeremías 17:9 dice: «*Engañoso es el corazón más que todas las cosas, y perverso; ¿quién lo conocerá?*». ¡Cuántos de nosotros no sabíamos que nuestro propio corazón nos engaña! Él te convence de tomar el camino más sencillo y te hace creer que todo estará bien. Esto quiere decir que no puedes confiar en tu corazón. De hacerlo, te pones en peligro. «Engañoso» no significa solamente que dice mentiras, sino que tiene la habilidad de presentarte una mentira de tal forma que parece una verdad absoluta. A eso, agreguémosle que es perverso, al cambiar el bien por el mal. Pero Dios conoce y escudriña nuestro corazón. «*Y tú, Salomón, hijo mío, reconoce al Dios de tu padre, y sírvele con corazón perfecto y con ánimo voluntario; porque Jehová escudriña los corazones de todos, y entiende todo intento de los pensamientos. Si tú le buscares, lo hallarás; mas si le dejares, él te desechará para siempre*» (1 Crónicas 28:9).

Si caminas junto a Jesús, Él te mostrará el engaño de tu corazón y te librará de él, haciéndote andar con un corazón perfecto, dirigido por un Dios de amor que está dispuesto a ser tu luz.

PRISIONERO DEL CORAZÓN

Ya no debes ser prisionero de los engaños de tu corazón. Mas bien, todas las respuestas que necesitas están en Dios y Él desea caminar contigo. ¡Cuán impresionante es darnos cuenta de que nuestro Dios entiende todo intento de los pensamientos y nada se escapa de su presencia, aun cuando ni nosotros mismos nos percatamos de los motivos que pueden estar ocultos en nuestro corazón! Si nos ponemos en las manos del Señor, podremos estar seguros de que Él nos cuidará a la perfección, pues conoce todo lo que pasa en nuestro interior.

Muchas veces, esperamos respuestas complicadas, pero la Palabra es sencilla y práctica. Lo único que debes hacer es seguir sus consejos, a pesar de lo difícil que te parezcan. Apartado de Él, nada puedes hacer. En sentido contrario significa que, si no te separas, podrás hacerlo todo. Él te enseñará y te guiará por sus sendas de justicia. Acércate al que todo lo ve, incluso, lo que pasa dentro de ti. Tú no puedes verlo, pero tómalo en cuenta y te mostrará cómo caminar en libertad.

Pero si ignoras a Dios, también ignorarás los engaños de tu corazón. Es así que personas negativas y pesimistas con la vida, totalmente desconfiadas, no asocian su conducta a la manera de resolver sus conflictos, pues han caído en los engaños de su corazón. Este les ha hecho creer que esa es su manera de ser. Por lo tanto, nada puede hacerlos cambiar. Pero, en realidad, su conducta es el resultado, no solamente de las malas experiencias, sino de no haber resuelto de manera apropiada las experiencias difíciles de la vida. Pues, en verdad, solo son comportamientos y patrones de pensamientos adquiridos, reacciones aprendidas por los golpes de la vida que se han convertido en hábitos. Como resultado de ello, tu corazón te engaña, haciéndote creer que es parte de tu personalidad. Por lo tanto, estás confiado en que no hay nada que se pueda hacer al respecto.

Este es un buen momento para que hagas una pausa y comiences a examinar tu corazón. Descubre si hay situaciones no resueltas en tu vida, que por alguna razón has ignorado, a través del tiempo. Quizá, por medio de la lectura te has sentido identificado en diferentes formas.

Este capítulo ha sido escrito, no solo para ayudarte a identificar si tu corazón ha permanecido herido, sino también, para que puedas ser libre en Dios de todo lo negativo del pasado. Para esto, hemos diseñado un cuestionario que te ayudará a examinar la condición de tu corazón. No olvides que el propósito de hacerlo es que puedas escribir lo que habías guardado en él. Luego, podrás aplicar a cada área de tu vida o herida de tu corazón los consejos de la Palabra de Dios, y así recibir santidad.

Primero, ora a Dios para que el Espíritu Santo te muestre tu verdadera condición. David lo hizo para que lo librara de lo que estuviera oculto en su corazón. Hoy es tu oportunidad. La Biblia nos enseña en Juan 16:13ª que el Espíritu Santo nos guiará a toda verdad. Así que, examina tu corazón, pues quien lo hace no será juzgado (ver 1 Corintios 11:31).

Es muy importante identificar las heridas para poder sanar la raíz del problema. Es igual a alguien que padece de dolores de cabeza y comienza a tomar un medicamento, y, aunque ellos no cesan, insiste en seguir tomándolo. Al consultar al doctor, descubre que tiene dificultades visuales. Por lo tanto, el remedio que tomaba no era efectivo, porque la causa de sus dolores no había sido descubierta.

En el siguiente capítulo, hablaremos de los diferentes comportamientos que podemos desarrollar al tener un corazón herido.

Además de identificar los diferentes síntomas, hay que descubrir la raíz que los produce para poder eliminarlos. La forma en que nos comportamos, muchas veces, responde a las heridas no resueltas en nuestro corazón. El problema es que tratamos de cambiar las actitudes, ignorando sus raíces.

Haz una pausa y examina tu corazón para poder vivir en libertad.

AUTOEXAMEN

En el hogar de tus padres

1. ¿Vives o viviste con ambos padres?
   Si la respuesta es no, esta es una herida en tu corazón; pues Dios diseñó la familia, y ambos padres son importantes en el desarrollo de los hijos, especialmente, en la formación de su carácter.

   Al faltar uno de ellos o ambos, tendemos a comportarnos incorrectamente, dañando nuestro corazón y nuestra manera de ver la vida.

2. ¿Que tipo de disciplina usaron para corregirte?
   a. ¿Basada en enojo, gritos, golpes? La disciplina con vara duele lo necesario, pero no deben ser grandes golpizas.
   b. ¿Basada en adjetivos calificativos negativos?
   c. ¿Basada en amor? O sea que, a pesar de la corrección con vara o castigo, se te recalcaba que su amor era incondicional.
   d. ¿Afirmativa? Es decir, corregían el error, pero afirmaban en ti la capacidad de cambio.

3. ¿Hubo divorcio?
   a. Este tipo de problemas dejan heridas de rechazo en tu corazón.
   b. Frustraciones debido a la impotencia de resolver el conflicto.

4. ¿Fuiste concebido fuera del matrimonio? ¿Eres hijo(a) de madre soltera?
   La ausencia de tu padre es una heridas de rechazo en tu corazón.
5. ¿Cómo fue el ambiente o la atmósfera de tu hogar?
   a. Conflictiva
   b. Fría

Otras circunstancias

1. ¿Fuiste abusado(a)?
   a. Físicamente.
   b. Verbalmente.
   c. Sexualmente (Violación, acoso sexual o molestia sexual).
2. ¿Has vivido alguna traición o engaño?
3. ¿Has perdido a un ser querido?

Capítulo Dos

IDENTIFICAR LOS COMPORTAMIENTOS ADQUIRIDOS

S i has identificado tus heridas, veamos algunos comportamientos que se desarrollan en nuestra vida cuando hemos caminado con un corazón dolido. Algunos de ellos los he conocido muy de cerca, pues fueron parte de mí por muchos años. Me gustaría comentártelos, ya que considero que son comunes a todos los que caminan así.

CONMISERACIÓN O LÁSTIMA DE TI MISMO

La mayor parte del tiempo vives lamentando lo que te sucede, sientes lástima de ti mismo. Esta actitud te lleva a magnificar tu dolor (ver las cosas más grandes de lo que son). Tu manera de pensar se distorsiona, y lo que ves o sientes te parece real. Esto no produce en ti un deseo de cambio, pues, según tu pensamiento, los únicos culpables son tus agresores y ellos son los que deben cambiar.

Las mentiras que tu corazón dice alimentan tus sentimientos. Algunas frases comienzan a cruzarse en tu mente: «Nadie me quiere», «A nadie le importo», «Nadie está pendiente de mí», «Mi vida nunca va a cambiar», y así sucesivamente. Esta forma de pensar produce un mayor dolor dentro de ti y te convence de que esa es tu realidad. Lo malo es que no te das cuenta de que vives en auto conmiseración. Esta actitud no solo deja abierta la herida, sino que produce otras, constantemente. Es como si te laceraras a ti mismo creyendo que eso te hará sentir mejor, aunque te cause mayor sufrimiento y te lleve a vivir en un ciclo de dolor.

AUTOJUSTIFICACIÓN

Se produce cuando comienzas a justificar tus reacciones con los actos de los demás. Por ejemplo, podrías decir «lo hice en defensa propia», «Él inició la pelea, yo solo me defendía». Esta conducta te lleva a ver solamente las faltas de los otros, en vez de los errores de tu carácter. Cómo lo afirma la Biblia: «*¿Y por qué miras la paja que está en el ojo de tu hermano, y no echas de ver la viga que está en tu propio ojo?*» (Mateo 7:3).

Jesucristo describe con exactitud a aquellos que se detienen a juzgar los errores de los demás y ocupan tanto tiempo en esto que no parecen percatarse de los que ellos poseen y, sin darse cuenta, excusan su comportamiento en las faltas de otros.

CULPAR A OTROS DE TUS DECISIONES

No aceptas la responsabilidad de tus decisiones o de tus actos. Por ejemplo: «Lo hice porque ellos me dijeron que lo hiciera», «Si ellos no hubieran insistido, yo no lo hubiera hecho». En pocas palabras, haces a otros responsables. Pero, en realidad, no importa qué tan fuerte sea la influencia de los demás en tu vida: tus decisiones serán siempre tu responsabilidad.

NEGATIVISMO

La persona negativa es aquella que siempre espera lo peor. Tiene una actitud pesimista ante cualquier situación. Siente miedo de confiar en alguien, pues piensa que lo van a traicionar, aun cuando esta persona nunca le haya fallado. Cree que algo es demasiado bueno para ser verdad y que, de un momento a otro, lo malo saldrá a luz. Por ello, prefiere alejarse antes de que eso suceda y así proteger su corazón. Está tan pendiente de lo malo que, si no se ve, busca hasta encontrarlo, y no se permite ver lo bueno. Podríamos decir que siempre hay un pelo en la sopa. Simplemente, no confía en los demás. Este mecanismo de defensa pretende proteger el corazón de desilusiones futuras, adelantándose a lo que podría suceder. De esta manera, la persona cree que evita caer en una situación dolorosa, cuando lo que realmente sucede es que se está privando a sí mismo de muchas bendiciones, pues no hay ninguna garantía de lo malo que espera. También, imposibilita disfrutar de todo lo bueno de la vida, lo cual causa más daño aún que las dificultades por las que el individuo podría atravesar. Lo lleva a sentirse solo y a permanecer en esa condición. Además, abre la puerta a los pensamientos de autocompasión.

AMARGURA

Hay una actitud de enojo hacia todos y hacia todo. Te cuesta ser amable. La vida es de color gris. No hay alegría dentro de ti y no te gusta verla en los demás, por eso, sin darte cuenta, te encuentras empañando la felicidad de otros con tus comentarios o con tus acciones. Te vuelves una persona pesada, escondiéndote atrás de pensamientos como estos: «No me importa lo que otros piensan», «No necesito a nadie en mi vida», «Si se molestan, lo siento por ellos» o «Yo soy así y no puedo hacer nada para cambiar». Todas estas ideas buscan negar la verdadera condición de tu corazón y, a la vez, pretendes sentirte fuerte al pensar de esa manera.

Mentira

La mentira se desarrolla para buscar aceptación, para evitar el dolor o el rechazo. Niegas la verdad para eludir las consecuencias de tus actos. Te excusas en que la otra persona se enojará al saber lo que has hecho y podría lastimarte con sus palabras o su reacción. Por lo tanto, ignoras el hecho de que eres responsable de las consecuencias de tus actos y usas los probables errores de los demás para disculpar tu comportamiento. También, utilizas la mentira para buscar aceptación, pretendiendo ser lo que no eres, por lo que inventas algo sobre ti para impresionar a otros, sin darte cuenta de que todo esto es producto de una baja autoestima. Este mecanismo de defensa irá destruyendo la poca estima que pueda quedar en ti.

Orgullo

Por medio del orgullo, buscas reflejar que eres fuerte y evitar que otros te dañen. Con una actitud prepotente, tratas de comunicar a los demás que vales mucho y que deben respetarte.

Estos son algunos tipos de conductas que puedes desarrollar como mecanismo de defensa de tu corazón herido y, sin darte cuenta, has llegado a considerarlas como parte de tu personalidad.

Esa es la manera en que el ser humano responde para protegerse del dolor. Lo interesante es que ninguna de estas conductas trae protección, sino que producen más dolor del que podrían causar los golpes de la vida.

También, has llegado a creer que son parte de tu personalidad. No intentas cambiar y, mucho menos, las has identificado como mecanismos de defensa.

La buena noticia es que Dios quiere darte libertad. Esta surge cuando decides caminar con Él. Su poder rompe cada uno de estos patrones de conducta que han dañado tu vida y, también, sanará tu corazón de todas las heridas del pasado.

Mi vida es testimonio del poder de Dios. Por eso, creo necesario contarte parte de él, para mostrar, con claridad, lo que nos sucede cuando no tenemos la guía de Dios para enfrentar las situaciones difíciles: comenzamos a girar en torno a los golpes emocionales.

UNA INFANCIA DE DOLOR

Mis primeros veinticuatro años de vida fueron marcados por episodios negativos. Lo increíble de esto es que no me daba cuenta de cuánto habían determinado mi manera de ser. Solo cuando inicié mi relación personal con Dios, pude ver con claridad cómo todo lo negativo que me había tocado vivir hizo que desarrollara diferentes tipos de comportamiento, que buscaban una sola cosa: la felicidad.

Mi padre era alcohólico —aunque hoy en día ya lleva más de veinte años sin beber alcohol, y su vida ha cambiado mucho— y cuando estaba totalmente ebrio, se volvía violento y nos golpeaba a todos (mi madre, mi hermano mayor y yo).

Muchas veces, observábamos estas escenas, muertos de miedo. En más de una ocasión, fuimos víctimas de su violencia y de sus arranques de ira, por lo que mi madre no pudo soportarlo más y decidió divorciarse de él. Mi hermano tenía cuatro años, y yo, tres. Parecía que todo estaría mejor, pues la violencia no sería más parte de nuestra vida, pero no nos dábamos cuenta de que todos llevábamos las secuelas dentro de nuestros corazones. Además, sufrimos la falta de una figura paterna, pues, en un abrir y cerrar de ojos, habíamos perdido a nuestro papá. Esto creó un vacío más en mi corazón, porque Dios nos diseñó para crecer y desarrollarnos dentro de una familia. El que mi padre no pudiera ser un buen padre no cambiaba el hecho de que yo necesitaba un papá. Así fueron los tres primeros años de mi vida.

Mi madre empezó a luchar por nosotros; pero, en su interior, ella sabía lo importante que era que tuviéramos una figura paterna. Mi padre estaba viviendo en otro país y se había casado nuevamente, por lo que solamente nos visitaba una vez al año.

Después de tres años, mi mamá decidió comenzar una nueva relación afectiva. Esto desarrolló en mí inseguridad. Sentía miedo de perder a mi mamá también. No sabía cómo explicarlo, así que lo exteriorizaba con llantos. No puedo contar la veces que me fui a la cama, llorando, con ese temor dentro de mí. Los daños estaban acumulándose en mi interior, y yo no me daba cuenta.

Tiempo después, mi madre decide casarse con él, con el propósito de cubrir su necesidad de compañía y afecto, y la nuestra de un padre.

Todo parecía normal para mi mamá, pero este hombre, que se suponía había llegado para llenar el vacío de mi papá y ser un buen padre para nosotros, se convirtió en una pesadilla para mi vida. Unos cuantos meses después de mudarse a la casa, empezó a molestarme sexualmente. Yo era una niña de solo seis años de edad y desconocía muchas cosas, por lo que, en realidad, no sabía lo que me estaba sucediendo. Sin darme cuenta, mi inocencia me expuso a más abusos. No me percataba de lo malo que esto era, por lo que mis vecinos, quienes eran mucho mayores que yo, decidieron jugar a la mamá y al papá conmigo, y dos de ellos abusaron sexualmente de mí.

Escudos de defensa

Cada uno de estos golpes se acumulaba dentro de mí, creando confusión, dolor y un gran vacío de amor en mi corazón. Esto me llevaría a desarrollar mecanismos de defensa que, sin darme cuenta, afectarían mi conducta. Lo primero que hice fue ignorar lo que me estaban haciendo. Esto no fue algo que decidí hacer, pasó automáticamente. Es impresionante cómo la mente actúa para autoprotegerse.

Así que, desde los seis años, sin saber por qué, empecé a orinarme en la cama. A nadie se le ocurrió pensar que algo podía andar mal. Hasta los catorce años de edad, padecí de esto que marcó mi adolescencia y dañó mi autoestima. Además, recibía toda clase de regaños, amenazas y disciplinas. Con esto, pretendían que yo dejara de hacerlo. Era muy frustrante para mí, porque nada de lo que me hicieran o dijeran lograba que yo dejara de orinarme en la cama, sólo añadía vergüenza a mi vida.

No solo fui afectada en esa área, sino que tampoco me sentía ser una buena niña. Este sentimiento se fortalecía cada día, debido a que la relación que tenía con mi mamá no era la mejor. Físicamente, soy muy parecida a mi papá, por lo que cada vez que ella me veía, le traía a su memoria al hombre que le había hecho tanto daño. Para colmo de males, también heredé su temperamento y siempre tenía algo que decir cuando ella me llamaba la atención. Todo esto producía sentimientos encontrados dentro de ella, que la llevaban a ser áspera conmigo. De una forma inconsciente, desataba sobre mí el dolor, el enojo y la frustración.

Esto la llevó a perder el control cuando me disciplinaba, ya fuera física o verbalmente. En la mayoría de los casos, me pegaba, hasta treinta veces, con el cinturón. En varias ocasiones, me dijo cosas como: «Me arrepiento de haberte tenido» o «Eres lo peor que me ha pasado en la vida». Su forma de disciplina me transmitía un gran rechazo que me hacía creer que yo era un problema. Nunca me sentí bien conmigo misma, pues estaba segura de que había algo malo en mí, tan malo que ni mi propia madre se sentía feliz conmigo. Me era muy difícil pensar positivamente de mí misma.

Además, ella temía que yo fuera orgullosa como mi padre. En repetidas ocasiones, se encontró diciéndome que yo no fuera a creer que era bonita, pues eso no era cierto. Pero logró todo lo contrario, llenando mi corazón de enojo y de orgullo.

A pesar de todas estas cosas, yo luchaba por conseguir el afecto de mi madre, pues mi corazón estaba necesitado de amor. Ella no era una persona afectiva, e interpretaba su falta de expresión como un rechazo. No le gustaba que la abrazara; entonces, cada vez que lo intentaba, ella me decía que mis brazos pesaban mucho y, simplemente, se los quitaba de encima. Lo que ella no sabía era que yo estaba buscando aceptación y afecto. Esto me llevó a buscar amor en otros. De una forma inconsciente, me convertí en algo así como un camaleón, pues me adaptaba a cualquier persona, para asegurarme de ser aceptada y así recibir afecto, lo que yo traducía en amor.

Todo esto no era más que el deseo de sentir que para alguien era importante y, de este modo, convencerme de que tenía igual valor que los demás. Esto me llevó a querer ser el centro de atención, y me convertía en el alma de cualquier reunión. Buscaba el momento adecuado para hacer reír a los demás, y eso me hacía muy feliz, pues todos se sentían agradados por mí. Además, era la ayuda que necesitaban, y yo estaba dispuesta a servir a quien fuera. Aunque todo lo hacía de buena voluntad, la verdadera motivación estaba oculta en el gran vacío de mi corazón: necesitaba amor y buscaba palabras de afirmación. Quiero que entiendas que estos comportamientos no fueron planeados, sino inconscientes.

El alma de la fiesta

Había alcanzado el éxito, pues me había convertido en alguien que todos querían. Pero en mi casa, la historia seguía siendo la misma. Nada de lo que hacía lograba cambiar la actitud de mi madre hacia mí. El parecerme a mi papá fue una gran desventaja que no se podía cambiar. Es interesante cómo trabaja la mente. En realidad, ella no quería rechazarme a mí, sino a mi papá. Pero no se percataba de ello, y yo mucho menos.

La vida no está llena solo de cosas malas, pero me impresiona ver cómo lo malo que te pasa puede marcarte para siempre, si no encuentras la salida correcta. Constantemente, fui comparada con mi hermano, pues él era lo opuesto a mí. Yo nunca me quedaba callada cuando me llamaban la atención, siempre tenía algo que decir a mi favor. Detrás de eso, lo que en realidad estaba pasando era que yo necesitaba encontrar una razón que me hiciera sentir que no era tan mala como decían. Por ello, mis excusas buscaban demostrar que, en realidad, era buena. Pero, sin darme cuenta, me había vuelto una respondona, lo cual no me dio buenos resultados. Por otro lado, mi hermano siempre guardaba silencio; no importaba si era o no culpable, nunca respondía. Era el niño perfecto para mi mamá. En realidad, no lo era, pero esa es otra historia.

Lo cierto es que mi vacío crecía rápidamente, y mis heridas se abrían más, cada día. Hacer reír a los demás y ayudarlos en todo dejó de ser suficiente para mí. Ahora necesitaba buscar formas diferentes para llenar mi corazón.

Para este tiempo, ya había cumplido los dieciséis años. Era lógico que tuviera novio, y eso era perfecto. Yo necesitaba amor, y se supone que los novios se enamoran de ti. Mi comportamiento hacia ellos reflejaba mi necesidad, pues estaba dispuesta a perdonar cualquier cosa, con tal de no perderlos. De modo que cada relación de noviazgo dejaba un mayor vacío en mi corazón.

Para entonces, había razonado lo que mi padrastro había hecho conmigo, lo cual desató en mí un gran odio y desprecio hacia él y hacia mi papá, por no haber sido un buen padre y haberme expuesto a esa situación. También, por no haber estado ahí, para cuidarme y amarme. Desarrollé un gran rencor y enojo hacia mi mamá, por no haber hecho nunca nada al respecto y haberme dejado indefensa. Y, por supuesto, odiaba a muerte a todos los abusadores. Deseaba las peores torturas para ellos. Era increíble el odio que se levantaba dentro de mí cuando veía una noticia de este tipo, fuera por la televisión o en el periódico.

Mi padrastro seguía viviendo con nosotros, lo cual era insoportable para mí, pues solo yo sabía lo que me había hecho y cómo, por su culpa, otros habían abusado de mí. En mi interior, pensaba que estos sentimientos eran normales. Simplemente, no había otra forma de sentimiento hacia ellos, pues me habían hecho tanto daño.

Mi conducta empezó a cambiar, forjándose en mí un mecanismo de defensa basado en el orgullo, la prepotencia y la altivez. Desde ese lugar, YO haría saber a los demás lo que valía. Ya no estaba dispuesta a ser pisoteada, a cambio de tener a alguien a mi lado.

Este nuevo comportamiento, según pensaba, estaba ligado únicamente a la autoestima. Pero lo que realmente me sucedía era que todo el dolor de mi corazón se había convertido en resentimiento, amargura e ira. En ese momento de mi vida, conocí al que hoy es mi esposo.

UNA VISLUMBRE DE ESPERANZA

Juan Carlos tenía el perfil perfecto para mí. Estaba locamente enamorado de mí y eso era exactamente lo que estaba buscando: alguien que me amara de tal forma que me hiciera sentir importante. Y lo mejor de todo es que no se parecía a mi padre y, mucho menos, a mi padrastro. Todo indicaba que, por fin, había encontrado la felicidad que tanto buscaba. Fue así que, a los veintidós años, me casé. De esa forma, no solo ganaba a un hombre que me amaba, sino que escapaba de ese pasado tan horroroso que me había tocado vivir.

¿Recuerdas que anteriormente mencioné que, al divorciarse mi mamá de mi papá, salimos de la casa para ser libres de la violencia, pero que no nos dábamos cuenta de que las secuelas estaban escondidas en nuestros corazones? Pues estaba pasando de nuevo. Yo pensé que, al fin, quedaba libre. Pero, en realidad, mi corazón estaba preso de todos los episodios negativos que me había tocado vivir. Mi vida y mi personalidad habían sido moldeadas por ellos.

Ni mi esposo ni yo sabíamos lo que nos esperaba. Me hallaba tan llena de heridas que estaba siempre a la defensiva, pues pensaba que ya no podía tolerar más golpes. Así que, cada vez que me defendía, de mi corazón brotaban la altivez, el orgullo, la prepotencia y la crueldad. Muchas veces, le dije claramente a mi esposo que él no era necesario en mi vida, que yo no precisaba de un hombre para ser feliz. Pero, al mismo tiempo, en mi interior, sabía que sí. Sin embargo, era más importante proteger mi corazón, demostrando fuerza e invulnerabilidad. De esa forma, le hacía saber que nadie se burlaría de mí o me pisotearía, pues yo sabía defenderme.

Pero, en verdad, nada era suficiente para llenar el vacío que se había generado dentro de mi corazón. Mi mente interpretaba el más pequeño error como desamor, rechazo o traición. Ni siquiera me percataba de lo que mis palabras, sin misericordia y llenas de rencor, estaban haciendo en ese hombre que me amaba con todo su corazón. Estaba buscando una vida perfecta en un mundo imperfecto. No podía seguir soportando más sufrimiento. Por eso, demandar perfección en él era la única forma de evitar el dolor. Lo grave es que nunca la encontraría porque todos somos imperfectos. Entonces, pensé que mi matrimonio parecía haber sido una mala decisión.

PUERTAS CERRADAS

Cuando nuestro corazón está vacío, decidimos tocar todas las puertas posibles para encontrar lo que tanto buscamos. Mi deseo, para sentirme realizada o feliz, era convertirme en mamá. Guardaba la esperanza de que al llegar los hijos al hogar, mi vida cambiaría. El tiempo pasó, y los tuve, más bellos de lo que yo podía soñar. Pero, a pesar de eso, mi vida seguía igual: ni ellos llenaron el vacío de mi corazón. Más bien, corrían el peligro de que yo causara heridas en los suyos. Estaba buscando la solución equivocada, pues ella no está en las puertas que tocas, sino en las que cierras. Lo que yo necesitaba era sanar las heridas de un pasado que yo no había superado.

En este momento de mi vida, mi esposo ya no era el príncipe azul con el que me había casado. Se había transformado en un monstruo para mí. ¿Qué crees que pasó? Mi hija mayor salió igual a él, en lo físico y en su temperamento. Sin darme cuenta, estaba a las puertas de hacer lo mismo que mi madre había hecho conmigo.

¡Cuán fácil es caminar herido y buscar por nuestros propios medios la forma de solucionar lo que nos sucede o de escapar del dolor que llevamos por dentro! Se nos pasa la vida, y no encontramos la salida, y cada paso que damos va dejando una huella de dolor en las personas que nos rodean.

Algo era seguro: yo no era feliz, y nada indicaba que llegaría a serlo. Estaba cansada de todo: de mí, de mi esposo, de sufrir. Apenas tenía veinticuatro años y había perdido las esperanzas. Ya no encontraba la solución. Estaba dispuesta a resignarme y a conformarme con no encontrar la felicidad. Muchas veces, me pregunte qué era tan malo en mí como para no merecer ser feliz. Pero no encontraba una respuesta contundente, por lo que pensaba que la vida había sido injusta conmigo.

Hoy, puedo describir los mecanismos de defensa que desarrollé en las diferentes etapas de mi vida. Pero, en realidad, a medida que crecía, ignoraba lo que verdaderamente estaba sucediendo. Nunca tuve la menor idea de que los golpes de la vida estaban manipulando mis reacciones y, a la vez, forjando a la mujer en que me convertí. Pasé veinticuatro años de mi vida gobernada por las heridas acumuladas en mi corazón, pensando, simplemente, que esa era mi manera de ser.

Muchos creen saber quiénes son, pues su comportamiento les describe su personalidad. Pero gran parte de esos rasgos que consideran propios fueron adquiridos en el desarrollo de la vida.

Si tu verdadero yo está oculto detrás de todas esas actitudes o reacciones nacidas del dolor de tu corazón, ellas destruirán tu presente y te robarán el futuro. Pero Dios nos diseñó con una personalidad que ha sido cubierta de tal forma que, quizás, no has podido descubrirla plenamente. El Salmo 139:16 dice: «*Mi embrión vieron tus ojos, y en tu libro estaban escritas todas aquellas cosas que fueron luego formadas, sin faltar una de ellas*». Sí, aún antes de que físicamente fuéramos formados, Dios ya había diseñado cada milímetro de nuestro cuerpo; incluso, nuestra personalidad. Él ya había preparado lo que haríamos: «*Porque somos hechura suya, creados en Cristo Jesús para buenas obras, las cuales Dios preparó de antemano para que anduviésemos en ellas*» (Efesios 2:10). Su diseño contempló todas las áreas de tu vida. Pero el enemigo ha estado enfocado, desde el día de tu concepción, en trastornar el plan de Dios. Juan 10:10 nos explica: «*El ladrón no viene sino para hurtar y matar y destruir*». Él busca perturbar el plan de Dios al robar, destruir o matar lo que Dios ha puesto en ti. ¡Qué mejor manera de lograrlo que usando las vivencias más dolorosas de tu vida para desarrollar emociones y patrones de conducta que te separan de Dios! Al mismo tiempo, estos te llevan a creer que Él te hizo así, cuando la realidad es que la obra de Dios ha sido empañada totalmente por el engaño del enemigo; y, sin darnos cuenta, hemos caído en la trampa.

Por eso, Dios puso en mi corazón el deseo de escribir este libro, para contar lo que Él hizo en mi vida y que puedas saber que Dios me dio completa LIBERTAD. *"Así que, si el Hijo os libertare, seréis verdaderamente libres"* (Juan 8:36).

Ahora entiendo que mi madre es una buena madre, solo que sus heridas marcaron mi vida de una forma negativa. De igual modo, las mías dejaron su huella perjudicial en otras vidas, hasta que conocí a Dios y Él me enseñó el camino para restaurar mi corazón. Estoy segura de que muchos, siendo buenas personas con buenas intenciones, han dañado a otros, sin percatarse de que su comportamiento estaba ligado a las heridas de su corazón.

Este capítulo tiene el propósito de enfocarnos en esas áreas de nuestra vida que necesitan atención divina y sanidad. La única forma de buscar ayuda es saber que la necesitamos: si ignoras la condición de tu corazón, nunca descubrirás que estás herido. Posiblemente, querrás cambiar y no logras tener éxito de una manera permanente. O, simplemente, caminas resignado, creyendo que esa es tu manera de ser, sin descubrir que lo único que necesitas es que el poder de Dios sane tus heridas y restaure tu corazón, devolviéndote la vida que Él tiene preparada para ti.

Si Dios está hablando a tu vida, seguramente deseas continuar leyendo sin hacer pausas, pero quiero invitarte a que te detengas por un momento a examinar tu corazón. Es de suma importancia identificar con claridad las áreas en las cuales necesitas sanidad, para que, al continuar la lectura, puedas ser guiado a una plena libertad. Para esto, he formulado un cuestionario que te ayudará a enfocarte en tu corazón.

Autoexamen

Para descubrir si una herida en tu corazón está abierta, debes considerar algunas cosas. Si es antigua, generalmente, no produce dolor. Pero por alguna razón, cuando recuerdas un episodio negativo del pasado, este te causa enojo, ansiedad, deseos de venganza, frustración, y así sucesivamente. Estas emociones están reflejando que tu corazón ha permanecido herido.

1. ¿Qué patrones de conducta o mecanismos de defensa de los que has leído anteriormente reflejan tu manera de comportarte?

   _____

   _____

2. Si vinieron a tu mente heridas no resueltas, anótalas.

   _____

   _____

3. Si las heridas no son visibles para ti, pero tienes ciertos patrones de conducta que se describen como mecanismos de defensa, este es un buen momento para que hables con Dios y le pidas que te revele qué es lo que te hace comportarte así. Tómate un tiempo para orar al respecto, y Dios te ayudará, pues Él desea sanarte para darte libertad.

Una vez que tengas claramente identificadas las heridas, no intentes recordar con detalle todo lo sucedido, pues esto solamente te causará más daño. Mantén esos recuerdos presentes a través de la lectura, para que puedas aplicar el consejo de Dios, y así su poder sanador restaure tu corazón.

Capítulo Tres

CONOCE A TU CREADOR

Muchas veces, en nuestra vida, dejamos el consejo de Dios a un lado, sin tomar en cuenta la motivación de su corazón. Así que la consideraremos, antes de hablar del proceso hacia una plena libertad.

Cada consejo de Dios está basado en el principio del amor, que es el más importante en el reino de Dios. La ley del amor está por sobre todas: eso significa que todo lo que sucede en el reino de Dios está basado en su amor y en que nada pasa, si el amor de Dios no está ahí. Pero, ¿cuál es el concepto del amor que solemos manejar?

LO QUE SABEMOS DEL AMOR

En general, creemos entender qué es el amor. Deducimos esto por la forma en que fuimos amados. Primero, por nuestros padres o familia y, luego, por otras personas. Cuando nos entregamos al Señor, la lógica nos lleva a asociar a Dios de la misma forma de amor que hemos conocido. Quizás, ciertas experiencias que tuvimos fueron basadas en el egoísmo. Esto nos llevó a creer que somos amados al ser buenos o al hacer las cosas bien, pero que, cuando fallamos o nos equivocamos, no somos dignos de amor, sino de rechazo, maltrato, ofensas, y mucho más. El egoísmo también se manifiesta cuando se busca algo a cambio del amor: hay intereses personales escondidos detrás de él, que son los que lo motivan. Es un amor egoísta y no uno verdadero. Todo esto da como resultado un concepto equivocado del amor y, como consecuencia, así medimos el amor de Dios. Sin darnos cuenta, aseguramos entender un amor que nunca hemos conocido en realidad, pues hemos medido a Dios con este concepto equivocado, lo cual se vuelve un verdadero peligro para nuestra vida.

Cuando mides a Dios desde esta perspectiva de amor, afectas directamente la relación que tienes con Él, pues la imagen de Dios se distorsiona. Entonces, aun cuando puedas tener una relación con Dios, hay una distancia que no te permite descubrir el verdadero amor de Dios y que se hace más grande, cada vez que te equivocas. Como resultado de ello, crees que Dios te rechaza, al igual que otras personas. Entonces, por miedo al rechazo te alejas de Él y, por lo tanto, de su consejo. Es justamente esta actitud la que produce que deseches su consejo, haciéndote vulnerable a la vida misma. Dios te dice en el Salmo 3:3 que Él «es escudo alrededor de ti». Por eso, debes tomarlo en cuenta en tu vida diaria, para que Él sea tu protección. De lo contrario, eres vulnerable. Por eso, cada uno de nosotros debe aprender a conocer el corazón de Dios y, por consiguiente, su amor.

EL AMOR DE DIOS

Al leer el capítulo 13 de Primera de Corintios, descubrí la esencia de su amor. Una de las cualidades de ese verdadero amor es que no busca lo suyo. Básicamente, cada vez que Dios se acerca a ti, lo único que pretende es darte conforme a lo que necesitas. Por ejemplo: Dios quiere sanarte, liberarte, ayudarte, levantarte, restaurarte. Es decir, hacer por ti lo que sea necesario para guardarte y protegerte, y así, logres tu propósito en la vida.

Dios no está buscando algo para sí; sus consejos no llevan motivaciones ocultas, pues su verdadera motivación eres tú. Él no necesita nada de los hombres. Simplemente, ha decidido amarte y, al hacerlo, buscará solamente tu bien. Su amor no depende de lo que tú sientas por Él, pues ha decidido amarte sin buscar nada a cambio. Cuántos de nosotros hemos amado, solo para ser amados por los demás. Al final, lo que nos motivaba a amar era poder recibir amor. Pero en el momento en que esa tercera persona dejaba de correspondernos, nosotros también dejábamos de amar. Sin darnos cuenta, la motivación de nuestro corazón éramos nosotros mismos. Qué fácil es amar egoístamente y no darnos cuenta de ello. Dios nunca nos amará de esa manera, pues su amor simplemente no busca lo suyo.

La razón por la cual podemos confiar en su amor nos es revelada en este texto: «*Jehová se manifestó a mí hace ya mucho tiempo, diciendo: Con amor eterno te he amado; por tanto, te prolongué mi misericordia*» (Jeremías 31:3). Si su amor no busca lo suyo, entonces no tendrá motivaciones egoístas para poner fin o desistir de su amor por nosotros, no se cansará de amarnos. Eso es exactamente lo que este versículo nos confirma, el amor de Dios es eterno.

En 1 Corintios 13 se expone de una forma diferente, cuando dice que «el amor nunca deja de ser». Si profundizamos en estas frases, descubriremos lo que implica que su amor sea eterno y que nunca deja de ser. Dios quiere transmitirnos la seguridad que brinda su amor a nuestra vida, ya que este no cambiará jamás.

Es más, las circunstancias pueden cambiar, pero Él seguirá amándote con la misma fuerza. El amor de Dios es eterno, por lo que puedes estar seguro de que Él te amará siempre. En ese versículo encontrarás una verdad fundamental del corazón de Dios. Podemos descansar en Él, ya que su amor no está basado en lo que pueda conseguir, sino en lo que Él puede dar. El amor de Dios trabaja por tus intereses y como Él escudriña hasta lo más profundo de tu corazón, sabe qué es exactamente lo que tú necesitas, y todo lo hará por amor a ti. La seguridad que recibes de un amor eterno es invaluable, ya que podrás descansar en que Él siempre te amará y eso hará que en todo tiempo puedas contar con Él.

ARGUMENTOS EQUIVOCADOS

Desde esta perspectiva, el amor de Dios nos parece un tanto irreal. Entonces, comenzamos a formular argumentos para convencernos a nosotros mismos de que es demasiado bueno para ser verdad. Pensamos que lo más seguro es que Dios sea así con aquellos que son más santos o que se comportan con mayor rectitud, y surge así una interrogante: ¿Ama Dios a todos de la misma manera o tiene ciertas concesiones con aquellos que son más santos?

Estos argumentos son fomentados por el concepto errado que hemos tenido del amor. Cuando hablamos del amor, como «el verdadero amor», damos a entender que hay un «amor falso». Lo que ocurre es que hemos llamado «amor» a lo que en realidad no lo es.

Por esto, de alguna manera se nos hace difícil creer que su amor sea igual para todos.

Tenemos esta perspectiva porque nuestros padres, de quienes esperábamos recibir un amor incondicional, tuvieron ciertas preferencias entre sus hijos, resultando favorecidos aquellos que se comportaban bien delante de sus ojos. Su trato para con ellos era más afectuoso. Entonces, interpretamos que, quizás, no fuimos ni somos lo suficientemente buenos para ser amados incondicionalmente. Nos acostumbramos a recibir amor solo cuando, según nuestro entendimiento, lo merecemos. Estamos tan adaptados a este concepto que, cuando nos portamos mal o nos equivocamos, esperamos, como parte de la consecuencia, el rechazo de aquellos que nos aman. Sólo pensamos ser amados o aceptados cuando hacemos las cosas bien. Esto no es algo agradable, pero inconsciente o conscientemente aceptamos el rechazo como parte de la disciplina o corrección.

Es importante aclarar que para corregir un error no es necesario el rechazo. Las palabras correctas y la disciplina adecuada son efectivas. Acompañarlas de enojo, amargura o rechazo, solo hará una diferencia en lo que trasmites a los demás.

Muchas personas, al ocultar sus faltas, no evitan las consecuencias de sus actos, solo están tratando de huir del dolor que produce el rechazo. Al esconderlas creen que todo estará bien. Este es un mecanismo de defensa que sólo termina causando más daño a todos los involucrados. Sin darnos cuenta, todo el que ama egoístamente dañará el verdadero concepto del amor. Esto también te hace trabajar para ganarte el amor de otros, buscas maneras de agradar a los demás para ser digno de amor.

Este concepto errado del amor te mantendrá alejado de Dios, porque no creerás en que Él te ama incondicionalmente. Hoy en día, muchas personas no se comprometen con Dios por temor a fallarle y a ser rechazados por Él. Si tienes un corazón herido, no sólo sufres por lo que llevas dentro, sino que al equivocarte y fallarle a los demás, te privas de acercarte a Dios por el concepto que tienes de su amor. Pues lo único que sientes o te han hecho sentir es condenación. Esto es grave, en verdad, pues tu condición no cambiará, a menos que estés junto a Él.

Debido a esto, muchos están luchando por un cambio, solos y sin Dios. Como no logran tener un éxito permanente, se cansan y, al final, terminan dándose por vencidos. Con ello, cierran la oportunidad de acercarse a Dios, por temor a encontrar condenación una vez más.

Cuán importante es tener el concepto correcto de Dios para poder caminar junto a Él, para escuchar su consejo y recibir libertad de todo lo que deseamos cambiar.

IMPERFECTOS Y AMADOS

No necesitas ser perfecto para ser amado por Dios. En Romanos, capítulo 2, versículo 11, la Palabra nos enseña que Dios no hace acepción de personas.

Es decir, que Dios nos considera a todos como dignos de su amor. Para no dejar duda al respecto, demuestra esta verdad con un acto que confirma que Él ama a todos, incondicionalmente. Romanos 5:8 nos dice: «*Mas Dios muestra su amor para con nosotros, en que siendo aún pecadores, Cristo murió por nosotros*».

Quizás, ignorábamos su existencia y vivíamos en pecado. Sin embargo, Dios dio a su Hijo por nosotros. Fue nuestro estado el que llevó a Dios a derramar su amor de tal forma, con el único propósito de darnos libertad.

Esta verdad cambia totalmente el concepto errado de Dios. Pero, a pesar de que la hemos leído, seguimos comportándonos como si Dios no nos amara incondicionalmente. Esto se debe a que aquella idea errónea prevalece en nuestra mente. Nos es difícil creer en un amor incondicional, ya que no tiene lógica, pues fuimos amados y aprendimos a amar de una manera distinta. Dios mismo nos dice, en el texto bíblico anterior, que, aun estando en pecado, sin que estuvieras arrepentido, la pasión de su amor lo llevó a que su propio Hijo fuera dado en sacrificio por ti. Dios nos ama sin importar nuestra condición o lo que hayamos hecho con nuestra vida. Su amor no depende de las circunstancias, es incondicional. Cristo murió por aquellos que lo estaban crucificando, para que todo aquel que en Él cree tenga vida eterna. Dios no hace acepción de personas.

A veces, le creemos más a lo que nuestra mente nos dice, por las experiencias vividas, que a lo que la Palabra de Dios nos enseña. Pero la verdad absoluta de Dios es la que debe guiar nuestra vida para poder obtener libertad.

Es por la misma razón que Dios dice que debemos renovar nuestro entendimiento (ver Romanos 12:2). Es decir, desechar los conceptos equivocados que han prevalecido en nuestra mente, cambiándolos por los de Dios, para probar la veracidad de su palabra y de su voluntad, la cual es agradable y perfecta para nuestra vida. Solo así podremos estar cerca de Aquel que cuida de nosotros y desea bendecirnos todos los días de nuestra vida.

CAMBIO DE CONCEPTOS

Llegó el tiempo de cambiar esos conceptos equivocados por los correctos. Hoy puedes renovar tu mente con las siguientes verdades:

- El amor de Dios es para todos por igual. No tienes que merecerlo o ganarlo. Dios te lo da. De la misma manera, debes simplemente tomar la decisión de amar a los demás, de acuerdo con el verdadero amor que Dios nos enseña en 1 Corintios 13.

- El amor de Dios es tan fuerte que puede soportarlo todo y nunca dejará de ser.

- No tenías que ser bueno para ser amado por Dios. Por nuestra imperfección y egoísmo hicimos una nueva fórmula de amor, que nos dañó y dañará a los demás.

- Nada debe apartarte del amor de Dios (ver Roamnos 8:35-39). En Él encontrarás amor y aceptación. Él será la repuesta a tu necesidad y te guiará a libertad.

Tenemos que aprender a amar y a ser amados de la manera correcta. Esto se vuelve una lucha mental, pues ya nos habíamos adaptado a la antigua manera de pensar. Pero si te afirmas en la Palabra de Dios, no podrás ser engañado. Cuando falles y tu mente te diga que Dios te rechazará, es ahí cuado debes acudir a su Palabra y batallar ese pensamiento con la verdad absoluta de Dios. Ella reafirmará el amor de Dios sobre tu vida y, a la vez, te corregirá, sin necesidad de rechazos u ofensas. Esto producirá cambios en tu vida. Tus fallas no te llevarán a huir de su presencia, sino que podrás ir a Él confiadamente, seguro de su amor por ti. En Él encontrarás la respuesta que necesitas. Él te guiará a un verdadero arrepentimiento, sanará tu corazón y te dará libertad.

Debes tener cuidado. Muchas veces es fácil aceptar el hecho de que debes amar correctamente, y no te das cuenta de que no aceptas ser amado incondicionalmente. Te has vuelto el propio juez de tus actos y te sigues midiendo bajo el concepto equivocado del amor, pero, a la vez, te exiges amar a los demás de manera incondicional. Esto también producirá fatiga en tu vida, ya que necesitarás constantemente ser lleno de su amor para permanecer fuerte.

Dios anhela que descubras su amor incondicional, pues solo así podrás estar siempre cerca de Él, para que cumpla todas sus promesas en ti. Nos sorprenderíamos si supiéramos cuántos todavía siguen luchando por sentirse aceptados por Dios, creyendo que, cada vez que le fallan, Él los rechaza. Cuán arduo se vuelve seguir a Dios de esa manera, como si tuvieras que ganarte diariamente su amor.

A veces, olvidamos que somos imperfectos y que, por ello, las probabilidades de equivocarnos son infinitas. Si Dios nos amara solo si fuéramos perfectos, sería imposible poder agradar a Dios. Nuestra lucha no es para que Él nos ame, sino contra aquel que quiere separarnos de su amor, que es la fuerza que nos mantendrá firmes hasta el fin. No te desgastes buscando ser amado, más bien empieza a descubrir la dimensión y la grandeza de su amor por ti.

Él anhela que te sientas seguro en su presencia, pues siempre te espera con brazos de amor. El libro de Oseas 11:4 nos dice: «*Con cuerdas humanas los atraje, con cuerdas de amor; y fui para ellos como los que alzan el yugo de sobre su cerviz, y puse delante de ellos la comida*». Así es como Dios nos acerca a Él. No con menosprecio o juicio, señalamiento o condenación, sino con cuerdas de amor. Cuando dejes que el amor de Dios te envuelva, te enamorarás de Él con pasión y con fuerza. Será entonces tu amor a Dios lo que te motivará a vivir de acuerdo con sus principios, y no tu deseo de buscar aceptación. Cuando tratas de cumplirlos para ser amado por Él, esto no solo produce cansancio, sino que te hace vivir una vida de religiosidad y falsedad.

LA CORRECCIÓN DE UN
DIOS DE AMOR

Su amor no te dejará sin corrección, pero ésta será sin rechazo. Muchas veces, hemos creído que las consecuencias de nuestros errores son el resultado del enojo de Dios, que nos corrige de esa manera. Esto nos lleva a creer que nos rechaza por nuestro comportamiento. En cambio, las consecuencias son la cosecha de lo que has sembrado. De la misma manera que el agricultor cuando siembra sandía, cosecha sandías, si tú siembras pecado, cosecharás muerte. Posiblemente, sea en tus finanzas, en tus emociones, o en otras cosas; pero no fue un castigo de Dios, sino la consecuencia de tus actos.

Tendrás que vivir la cosecha de tu siembra, pero Él estará ahí para darte fuerzas, enseñarte y alentarte. Dios puede utilizarla como una herramienta para corregirte, para que veas lo que produce el vivir fuera de sus principios.

Otros confunden el amor incondicional de Dios con libertinaje. Creen que pueden hacer lo que quieran, y Dios los seguirá amando. Esto es cierto, parcialmente, pues su amor estará; pero mis actos reflejan lo que tengo en mi corazón. La misma Palabra nos advierte que somos libres, «pero no como los que tienen libertad como pretexto para hacer lo malo, sino como siervos de Dios» (1 Pedro 2:16). La realidad es que si te sientes libre para pecar, estás en un engaño; pues, en realidad, eres preso del pecado, y lo que necesitas es libertad.

Por ello, su amor es incondicional, pero sus promesas y bendiciones están ligadas a nuestra obediencia: no podremos recibirlas, a menos que obedezcamos su Palabra. Y no podremos hacer esto, si no hemos entendido su amor por nosotros.

Cuando fallas, lo único que Dios desea es que te acerques a Él y puedas percibir cuánto te ama. Él conoce el poder y la fuerza del amor, pues justo en esos momentos en que creías no merecerlo, es cuando llega para envolverte y produce dentro de ti un arrepentimiento genuino, y tu entendimiento se abre para que su consejo guíe tus pasos. Entonces, sanará tus heridas y enderezará tu camino.

¿Cuántos han transitado por la vida cristiana creyendo que Dios solamente está presente para vigilar cada paso que damos, y que, al equivocarnos, está listo para reprendernos? Algunos visualizan a Dios como alguien que está sentado en su trono, con un rostro duro, pendiente de todos nuestros errores para desatar juicio y condenación al pecador. Al mismo tiempo, saben de memoria versículos como el de Romanos 8:1: «*Ahora, pues, ninguna condenación hay para los que están en Cristo Jesús*». Pero no lo asimilan, ya que, si se detuvieran a pensar en él, se darían cuenta de que Dios no está interesado en condenarlos. Cuando Él ve nuestras faltas, anhela que nos acerquemos a Él con un corazón sincero y arrepentido, pues puede librarnos de la condenación y darnos libertad. Es por esa razón que el enemigo lucha por hacerte creer lo contrario, para alejarte de Dios y evitar que seas libre.

LA GRAN MENTIRA

Lamentablemente, hoy en día hay una gran cantidad de personas que han creído esta mentira. Cuando fallan a Dios, lo primero que hacen es alejarse de su presencia y de todos aquellos que están cerca de Él, por temor a encontrar condenación o rechazo. Pero la verdad da libertad, y esta verdad es que en Dios serás libre, pues vino a hacerte más que vencedor en Cristo Jesús. Permanece firme en ella, no te dejes engañar y disfruta de tu libertad.

Si escudriñas su Palabra, comprobarás que los conceptos que por años albergamos en nuestro corazón acerca de Dios son totalmente opuestos a ella. Jesús vino a la tierra, justamente, por nuestros pecados; pero no para condenación o juicio. En Lucas 4:18-19, podemos descubrir exactamente la motivación del corazón de Dios al habitar en medio de su pueblo. Justo en ese momento, el Señor descendía de sus cuarenta días de ayuno; a la vez, había recibido una unción especial: «*El Espíritu del Señor está sobre mí, porque me ha ungido para anunciar buenas nuevas a los pobres. Me ha enviado a sanar a los quebrantados de corazón; a pregonar libertad a los cautivos y vista a los ciegos; a poner en libertad a los oprimidos; para predicar el año agradable del Señor*».

Jesús sabía mejor que nadie el estilo de vida de cada una de las personas a las que se dirigía y el estado de sus corazones. Sin embargo, aun conociendo sus pecados, sus ataduras, sus debilidades, su necedad, no había sido ungido para señalarlos, condenarlos o emitir juicio sobre los pecadores, sino que tenía una motivación superior, que era darles libertad.

Él ve más allá de lo que se puede ver superficialmente. Recuerda que Dios escudriña los corazones de los hombres. Por lo tanto, Él sabe lo que hay dentro de ti, puede reconocer cada herida abierta y cómo ella quebranta tu corazón, manteniéndolo oprimido y cautivo. Al final, el resultado es una vida de pecado y alejada de Dios. Por eso, al descender del ayuno y entrar a la ciudad, lo primero que Jesús les dijo fue que venía con las respuestas que necesitaban, que conocía su sed y tenía el poder para saciarlos.

UN MENSAJE DE LIBERTAD

Básicamente, Jesús transmitía un mensaje totalmente diferente al de los otros rabinos de su época, aun usando la misma palabra. No se mencionaba la condenación, sino la oportunidad de ser libre de todo aquello que los condenaba. Jesús se presentaba como alguien que conocía la verdadera necesidad del pueblo. Era como decirles: «Yo sé por qué pecas. Sé por qué estás enfermo. Sé por qué no puedes avanzar. Yo conozco lo que te ata y te tiene cautivo. Por eso, hay buenas noticias para ti hoy, pues conozco el camino que cambiará tu condición y te llevará a una vida de abundancia».

Este no era un simple discurso, era la motivación del corazón de Dios y lo que marcaría el ministerio de Jesús en la tierra: llevar a un pueblo herido, cautivo, atado y oprimido, a verdadera libertad.

Jesús vivió conforme a estas palabras. Los Evangelios son prueba de ello, como el encuentro con la mujer samaritana (ver Juan 4:1-42), de mala reputación, rechazada por la sociedad. Había tenido cinco maridos y el que vivía con ella ni siquiera lo era. No era aceptada, por su estilo de vida. Cada vez que salía a la calle se exponía a miradas de señalamiento y condenación. Escuchaba la murmuración del pueblo. Tan difícil era para ella esta situación que iba al pozo a sacar agua, costumbre de toda mujer en aquellos tiempos, en horas en las que nadie lo haría, porque sabía que era una mujer indeseable para la sociedad.

Aun, estos tiempos de tanto libertinaje, el ver una mujer como aquella es causa de críticas, murmuración y aislamiento, pues tendemos a juzgar su conducta. Entonces, nuestra mente se llena de pensamientos: *¡Cómo vamos a hablarle a alguien así! ¡Acaso eso no mancharía mi imagen? ¡Yo no me acerco a ella, pues luego dirán que soy igual! ¡Esa mujer es una vergüenza para el género femenino!* Pero nunca nos detenemos a pensar lo que esa persona puede llevar dentro de su corazón.

Por eso, el mensaje de Jesús fue diferente. Él no juzgaba el exterior, pues podía ver el interior. Al no entender el corazón de Dios, cuyo interés es el de darnos libertad, nuestros juicios son ligeros.

Nunca más tendrás sed

Cuando Jesús entra en la escena de la mujer samaritana, no lo vemos juzgándola por su reputación, sino que Él tenía un propósito para su vida. Había visto su corazón y descubierto lo que la tenía cautiva, atada al pecado y tenía la respuesta a su necesidad.

El Señor le ofrece un agua diferente: agua viva, diciéndole que al beber de ella no volvería a tener sed jamás. Muchas veces nos concentramos solamente en la frase «agua viva», pero Jesús estaba puntualizando algo más. Él había descubierto la verdadera sed de esa mujer, la necesidad que estaba escondida en su alma. Él supo que lo que ella estaba buscando en esos hombres era amor, valor, protección, seguridad. Sin embargo, cada vez estaba más vacía de amor. Estas mismas heridas la seguían impulsando a buscar otra fuente de amor y a cometer error más errores.

Jesús sabía que el agua de vida podría llenar su corazón del perfecto amor de Dios, saciando así su sed y dándole libertad. Él le mostró su condición y al hacerlo se le reveló como el Mesías, para que ella pudiera entender de qué tipo de agua le estaba hablando.

No solo corrigió su conducta, sino que también sanó lo que la hacía comportarse de tal manera. La respuesta no era señalarla ni exigirle un cambio; estaba en el poder que Jesús tenía para sanar su corazón quebrantado y oprimido. Su sed fue saciada y, además, descubrió la verdadera fuente de amor de donde provenía su valor. La samaritana comprendió que la respuesta a su necesidad siempre estaría en Dios.

Cuando terminó de hablar con Jesús, su vida había cambiado, su corazón había sido sanado, su cautiverio había desaparecido y la opresión del pecado se había ido. Preguntarás: ¿Cómo lo sé?

Antes de este encuentro con Jesús, ella se escondía de los demás, pero cuando bebió del agua de vida, cuando Jesús llenó su necesidad, salió directamente al pueblo. No solamente no tuvo vergüenza de ser vista, sino que le habló a todo el que se encontraba en su camino, dando testimonio de Cristo. Muchos de lo samaritanos creyeron en Él. Su vida cambió de tal forma que impactó la de mucha gente.

Ese es el propósito de Dios en medio de su pueblo. Él conoce la necesidad y no ha venido a condenar, sino a dar libertad, a ayudarte a vencer lo que no puedes, a sanar lo que está enfermo dentro de ti para que seas libre. Solo debes recibirlo en tu corazón y estar dispuesto a beber de Él.

¡Qué impresionante es ver a Jesús presentarse delante de tu necesidad, aun cuando tu vida está en pecado! ¡Cuán importante es oír su voz y no temerle! Pues el cambio que experimentó la mujer samaritana se produjo por haber estado en su presencia. No hay razón para alejarte de Dios, cuanto más cerca estés de Él, mayor bendición y libertad habrá en tu vida.

Recuerda que Él no busca nada para sí, su amor es incondicional y eterno. Reconocer esta verdad te permitirá tener la certeza de que Dios será siempre la única solución y esto te sostendrá, aun cuando el consejo de Dios no encaje en tu lógica o sea lo más difícil de hacer para ti. Nada te desenfocará de la verdad absoluta de Dios. Por lo tanto, el consejo que viene de Él será siempre el mejor que podamos recibir.

Cuánto más comprendamos su amor, más podremos ser guiados por Él. No basta con saber que Jesús nos ama, sino lo que ello significa, vivirlo, experimentarlo, pues antes de conocerlo, tal vez, nunca habíamos sido expuestos a un verdadero amor.

EN MEDIO DE LA DESOBEDIENCIA

Es conocida la forma en que Dios considera a David, al referirse a él como «un hombre conforme a su corazón» (1 Samuel 13:14, Hechos 13:22). David caminó con integridad, aun cuando el rey Saúl, sin motivo alguno, decidió ir en su contra, hasta el punto de enviar a su ejército para matarlo.

Pero, también, podemos leer la historia de lo que ocurrió cuando David falló. En el libro de 2 Samuel, capítulos 11 y 12, se encierra lo grandioso del amor de Dios y todo lo que Él hace para liberarnos, aun de nuestros propios pecados.

Cuando los reyes estaban en la guerra, David permanecía en Jerusalén (1 Crónicas 20:1). Este dato nos permite ver que algo no andaba bien en David, pues no estaba en el lugar en que debía. ¡Cuántas veces hemos escuchado a alguien predicar sobre esta porción de la Palabra, diciendo que David pecó por ese motivo! Sin embargo, muy pocos profundizan en este relato sobre por qué David no había ido a la guerra. Se levantó de su lecho al caer la tarde. Esto no es normal, pues, cuando un pueblo está en guerra, su rey no duerme. Algunos dicen que David estaba tomando la siesta. Pero él no solo era rey, era un guerrero que siempre estaba alerta en períodos de guerra. Por lo tanto, esto no podía suceder.

No se sabe con exactitud lo que le pasaba al rey David, pero algo no estaba bien en él. Su despreocupación hacia la guerra reflejaba su condición. Hoy en día, quizás, lo llamaríamos «depresión».

Podríamos debatir acerca de esto y, tal vez, no llegaríamos a ninguna conclusión. Pero podemos estar seguros de que David se había alejado de la presencia de Dios, pues no estaba resolviendo sus problemas a su manera. Posiblemente, estaba huyendo de ellos, y la mejor forma de no pensar era permanecer dormido. Si David hubiera estado buscando a Dios, habría encontrado la respuesta a su necesidad.

Él era un hombre que había habitado en su presencia y ahí encontraba su deleite. Había peleado todas sus batallas junto a Él; lo vemos claramente con la persecución de Saúl. Cualquiera de nosotros se hubiera cansado o deprimido, si le hubiera tocado vivir las mismas circunstancias. Pero él se mantuvo fuerte y su comportamiento fue admirable, pues dependió absolutamente de Dios.

En esa ocasión, vemos a un David actuando independientemente de la fuerza de Dios, y eso solo sucede cuando te alejas de su presencia. En Él encontramos nuevas fuerzas, allí es donde Dios nos enfoca en lo correcto y cambia nuestra tristeza por gozo o nuestro desánimo con esperanza. David conocía a Dios y tenía una relación especial con Él, pero en este momento de su vida, algo lo había alejado de ella. Cuando esto sucede, te vuelves débil contra los ataques del enemigo. Así se encontraba David. Subió a la azotea de su casa —quizás, contemplando su tristeza— y observó a una mujer que se bañaba en la terraza vecina. Antes de juzgar a David, déjame decirte que cualquier hombre que ve a una mujer en esa condición entra en tentación. Mas el problema no fue la tentación, sino la condición de David. Él no estaba en su mejor momento, no tenía fuerza espiritual y, en un abrir y cerrar de ojos, pecó. (Este David difiere totalmente de aquel que en dos oportunidades pudo dar muerte a Saúl. Estuvo delante de la tentación, pero la fortaleza de Dios en su vida lo hizo actuar correctamente y no tocó al ungido de Jehová. Es más, cuando en una de esas ocasiones, David cortó el borde del manto del rey Saúl, esa pequeña acción lo hizo arrepentirse en gran manera delante de Dios, pues no deseaba fallar ni en lo más mínimo.) Mandó traer a esa mujer, aun sabiendo que lo que hacía era pecado, pero la tentación pudo más que el conocimiento. No se imaginó que ella quedaría embarazada. Y, al estar lejos de la presencia de Dios, en vez de arrepentirse, decidió maquinar la forma de ocultar su falta. Después de intentarlo, sin resultado, dio muerte al marido de Betsabé, para poder tomarla por esposa. Todo parecía haber salido bien; no solo había ocultado su pecado, sino que, seguramente, el pueblo lo admiraba más, ya que su rey era tan bueno que no había dejado a la viuda desamparada y la había tomado por mujer. Las cosas no podían haberle salido mejor. Tiempo después, el niño nació, y David no mostró señal de arrepentimiento. Todo indicaba que estaba cómodo con los resultados.

EL MENSAJERO DE DIOS

En ese momento, entra Dios en escena y lo que hace impacta tanto que nos permite ver su corazón y, al mismo tiempo, cambiar el concepto que tenemos de quién es Él. A veces creemos que si pecáramos como David, seguramente Dios nos desecharía y no seríamos dignos de buscar su presencia. Mas, en medio de este horrendo pecado, Dios actuó de una forma sorprendente. Es que Él puede ver más allá de los hechos mismos.

En la Biblia no se menciona la plática que Dios tuvo con su profeta Natán. Pero por todo lo que está escrito en el capítulo 11 y 12 de 2 Samuel, lo envió a visitar a David y debe de haberle dado instrucciones. Imagino una conversación entre Dios y Natán, de la siguiente forma: «Natán, David no está listo para ser confrontado directamente, pues si llegas a él señalando y descubriendo su pecado, se pondrá a la defensiva, y, en vez de arrepentirse, excusará su comportamiento. Eso no es lo que deseo, yo quiero darle libertad. Lleva casi un año ocultando su pecado, pero yo conozco su corazón y sé lo difícil que es para él vivir en tal condición. Mi único deseo es darle la victoria y liberarlo de lo que ata su vida; por eso te aconsejo que le cuentes una historia en la que pueda ver el pecado y, entonces, ser confrontado».

Dios, el rey del Universo, el que todo lo puede, el dueño de nuestra vida y de todo lo que existe, a quien nadie le dice lo que debe o no debe hacer, es el que instruyó a Natán. Ese Dios todopoderoso no envía a su profeta para señalar a David, ni tan siquiera a hacerlo sentir mal por su pecado. Tampoco para amenazarlo y así lograr un cambio de actitud. Esto se debe a que la motivación del corazón de Dios no estaba basada en enojo o frustración, sino en un amor que no se irrita, que no busca lo suyo. Por eso, lo único que encontramos en él es el deseo de llevar a David a la posición correcta para redimirlo de su pecado. ¡Cuántos de nosotros hubiésemos actuado de una forma tan diferente, ante un pecado como éste! Aun cuando decimos caminar con Dios, actuamos como si en realidad no lo conociéramos, hablando más de condenación que de misericordia, reduciendo a Dios a la medida de un hombre corruptible.

Motivado por amor, Dios decide contarle al rey David una historia que lo haga reflexionar y le permita ver su pecado.

Dios nunca deja de sorprenderme. ¡Qué concepto errado nos hemos formado de Dios! Por muchas razones que no tienen que ver con Dios, nos hemos forjado una imagen religiosa que está muy lejos de la realidad. ¡Cuán importante es poner la debida atención al comportamiento de Dios en su Palabra, pues si no, perdemos de vista la esencia de su corazón y seguimos manteniendo esa imagen equivocada que causa un gran daño en nuestra vida!

Dios, quien conoce el corazón de sus hijos, sabía que esa ilustración le permitiría a David ver la condición de su corazón y lo llevaría a un arrepentimiento que desataría su misericordia. Él solo deseaba restaurar su vida. Era más que el simple hecho de que David se viera así mismo, Dios quería llevarlo a libertad. Todo tenía que ser hecho con tal precisión que Dios decide contarle una historia.

A veces, cuando alguien se encuentra en la condición de David, desarrolla un mecanismo de defensa para protegerse a sí mismo. Entonces, cuando descubre que alguien desea señalarle su error, se pone a la defensiva e inmediatamente cierra las puertas de su corazón. Al no recibir el consejo de Dios queda atado al pecado y en la misma ceguera espiritual.

El ser humano hace cualquier cosa para no sentirse condenado. Esta actitud se manifiesta como un instinto de protección que se hace aun sin pensar. Por eso, la creatividad de Dios actúa a la perfección para evadir cualquier actitud errónea en sus hijos. Eso sucedió en el caso de David.

Natán lo visitó y le relató la historia, conforme a la dirección de Dios. El rey David la escuchó y notó la injusticia del protagonista. Dios sabía que le sería fácil ver el pecado en otro. En general; es lo que sucede: hablamos del pecado de otras personas y no de los nuestros, porque nos sentimos amenazados. Esto hace que la historia sea completamente diferente.

Entonces, David, ante el pecado en otro hombre, no dudó ni por un momento en emitir juicio contra él, diciendo: «Ese hombre es digno de muerte». En ese instante, no se dio cuenta de que estaba hablando de sí mismo. Ese era el instante que Dios estaba buscando, en que David viera claramente el pecado.

Hay momentos que son de vida o muerte y, si ignoramos a Dios, ponemos en peligro nuestra vida. Pero Él siempre pelea por nosotros y busca la manera de no pasar por alto esos instantes vitales.

Natán sabía que ese era el adecuado para que el propósito de su visita se cumpliera. Nada debía salir mal. David vio con claridad el pecado y fue confrontado directamente con el suyo. La única forma de mantener la acusación fuera de la escena era asegurándose de que David percibiera el tremendo amor de Dios. Esa era la motivación que había llevado a Natán hasta ahí.

Puedo imaginar la mirada de Natán como una herramienta en las manos de Dios para reflejar su intenso amor. Cada vez que Él se hace presente para restaurar, corregir, sanar o libertar, se puede sentir cómo Él llena ese lugar. Nada puede resistirse al genuino amor de Dios. Cuando el rey David lo recibió, reflejado en los ojos de Natán, y lo escuchó decir: «Tú eres aquel hombre», inmediatamente recordó ese gran amor con el que había vivido desde su juventud. Eso fue suficiente como para darle la fuerza para confesar que había pecado, sin importar las consecuencias que eso podría implicar para su reinado.

Al leer el versículo 22 del capítulo 12, vemos que lo único que David dijo fue: «Pequé contra Jehová». Aparentemente, su respuesta fría no reflejan un gran arrepentimiento, pues no vemos en sus palabras el dolor de haber pecado contra Dios. No manifiesta que se haya rasgado las vestiduras ni haya gemido por perdón.

Al pensar esto, Dios irrumpió y me dijo: *Es que no has visto en qué momento David dijo esas palabras.* Es que justo después de haber sido confrontado con su pecado, Natán continuó hablando de sus consecuencias. David escuchó detenidamente cómo sus actos afectarían a sus hijos, causando muerte al que había sido concebido en pecado. Enterándose de que la espada no se apartaría de su casa, exponiendo así al resto de sus hijos, y de que sus mujeres le serían quitadas y exhibidas públicamente.

Lo que David estaba escuchando era totalmente doloroso como para pensar solo en él y en cómo haría para soportar el sufrimiento de los efectos de su pecado o en cómo evitar que su familia padeciera tales consecuencias. Es sorprendente ver que su corazón, en cambio, estaba preocupado por haberle fallado a Dios. Eso era lo único que él podía pensar. Por esa razón, lo único que pudo expresar fueron las simples palabras: «Pequé contra Jehová».

David necesitaba volver a ser el de antes y sabía que debía confesar. No pudo resistirse al amor de Dios, pues volvió a entender que no hay nada más importante que su relación con Él. El amor de Dios llevó a David a ver su condición y trajo convicción de pecado para arrepentimiento y redención.

Espero que, así como él, tú puedas ver la intensidad con la cual Dios te ama, y que Él hará todo lo que sea necesario para darte libertad.

Dios lucha por ti, Él desea que lo conozcas, pues es el camino, la verdad y la vida que necesitas. De una manera grandiosa, esta historia refleja cómo, aun en medio de nuestras infidelidades, el amor de Dios permanecerá luchando por sus hijos hasta llevarlos a un lugar seguro. Entonces el enemigo volverá a la posición que Dios le designó: debajo de nuestros pies.

Encontrarás todas las respuestas de Dios en su Palabra, y al descubrir su naturaleza y su esencia, nada te impedirá que lo busques y te acerques a Él. Sabrás que en Él estarás seguro, pues aun cuando falles, la justicia de Dios será de bendición para tu vida.

Dios no se guía por lo que vemos a simple vista, sino que Él ve tu corazón y descubre cuál es tu motivación, tu debilidad o las ataduras que no te permiten avanzar.

Otros atributos de Dios

Solemos olvidarnos de la naturaleza de Dios, y debemos constantemente tener presente quién y cómo es Él. Conocerlo no solo en su amor, sino en todos sus atributos. Me gustaría compartir contigo algunos de ellos, pues te ayudarán a permanecer firme en la libertad que vino a darte.

1. Dios ve más allá

Dios está arriba de todos nosotros. En el libro de Isaías 55:8-9, aprendemos lo siguiente:

> *«Porque mis pensamientos no son vuestros pensamientos, ni vuestros caminos mis caminos, dijo Jehová. Como son más altos los cielos que la tierra, así son mis caminos más altos que vuestros caminos, y mis pensamientos más que vuestros pensamientos».*

Dios ve más allá de lo que tú y yo podemos ver. Por eso, aunque lo que te pida no tenga sentido para tu lógica, podrás creer que es lo correcto y que más adelante lo entenderás. No siempre comprenderás las cosas de Dios a simple vista, pues todo lo que viene de Él es más alto que nuestros caminos y que nuestros pensamientos terrenales. Es por eso que debemos tener cuidado de no desechar algo que viene de Dios.

Muchas veces, hemos rechazado el consejo de Dios por la simple razón de que no tenía sentido para nosotros. Pero esto puede complicar más nuestras circunstancias, pues medir las cosas de Dios con la lógica humana es un error. Apartarnos de su dirección, por muy ilógica que esta parezca, nos llevará a cometer los más grandes errores de nuestra vida. Solo piensa por un instante si Noe hubiera tomado una dirección diferente cuando Dios le dijo que construyera un arca. Pudo haberlo hecho, pues lo que Dios le pedía era totalmente ilógico. El mar estaba remotamente lejos y nunca había llovido sobre la tierra. Si Noe hubiera tomado otra dirección, su error le hubiese costado su vida y la su familia.

Si algo no tiene sentido, no debería ser la excusa para apartarnos de Dios, sino la razón para acercarnos más a Él, pues es quien ilumina nuestro entendimiento. Pero aun si no entendemos, podemos permanecer confiados en Él, pues su naturaleza es amor, y su amor será nuestra confianza y seguridad.

Recuerda que Él ha escrito su Palabra para iluminar nuestra senda (ver Salmo 119:105), para que no nos confundamos y perdamos el rumbo.

Si Dios te dice que sus caminos y pensamientos son más altos que los tuyos, es para que sepas que, aunque no los entiendas o parezcan no tener lógica, son correctos y llenos de verdad, vida, salvación, libertad, victoria y amor.

2. Es misericordioso

¡Cuántas veces pasamos por alto a Dios y lo encasillamos en conceptos equivocados, sintiendo temor a ser juzgados con severidad, dureza y frialdad, y decidimos mantenernos alejados de su presencia, ignorando que Él es misericordioso!

Cuando descubres todo lo que Dios es, comprendes que muchas cosas en las que has creído solo te han privado de sus maravillas. El Salmo 86:5 dice:

> *«Porque tú, Señor, eres bueno y perdonador, y grande en misericordia para con todos los que te invocan».*

Quienes buscan a Dios encuentran misericordia, pues Él es bueno y perdonador. Lo único que necesitas es buscarlo e invocar su nombre. Esto significa que lo has reconocido como tu Señor, y al hacerlo encontrarás su abundante y continua misericordia (ver Salmo 52:1). No se interrumpe, sino que es duradera y permanente.

Cuando conozcas a Dios, anhelarás estar en su presencia. Tendrás sed de saber más de Él y descubrirás su grandeza. Al hacerlo, el *miedo* que habías aprendido a tenerle, que te alejaba de Él, será transformado en *temor* a Dios, que es respeto, reverencia, admiración, y te atrae a Dios en vez de distanciarte.

Es importante destruir el concepto errado que has tenido de Dios para que nada te aleje de su gran misericordia, y puedas buscarlo y permanecer junto a Él, a pesar de tu condición.

Quita todo aquello que reduce a Dios a la imagen de un hombre corruptible y mantente firme en lo que Él es en verdad, un Dios grande en misericordia, bueno y perdonador.

Tener un concepto correcto de Dios te impulsará a buscarlo. Aun cuando estés en medio de un error, sabrás que su misericordia ira delante de Él, y podrás estar seguro de que te recibirá y no te desechará.

David escribió un salmo donde podemos visualizar lo que pasa en el corazón de un hombre, cuando descubre verdaderamente a Dios.

«Ciertamente el bien y la misericordia me seguirán todos los días de mi vida, y en la casa de Jehová moraré por largos días» (Salmo 23:6).

David anhelaba estar en la casa de Dios, pues ahí estaba su presencia. Hoy, está en ti, en todo lugar. Lo único que necesitas es buscarla y desear estar junto a Él. David sabía que el deseo de Dios era que la misericordia y el bien lo siguieran todos los días de su vida. La única forma de no perder de vista la bendición de Dios es permanecer buscando su presencia. Allí es donde se recibe su guía.

A veces, no logramos comprender la grandeza de su misericordia, pero su Palabra nos enseña que ella se renueva cada mañana. Básicamente, su misericordia es tan grande que Dios mismo diseñó los días de tal forma que siempre tengamos la oportunidad de encontrar una nueva misericordia (ver Lamentaciones 3:22-23).

Su Palabra también dice que «el bien te seguirá todos los días de tu vida». Cada día está lleno de bendiciones para ti. Lo único que necesitas hacer es habitar en su presencia. No te pierdas lo que Dios tiene preparado para tu vida por tener un concepto errado de Dios.

Cuando lo conoces, en verdad, anhelas habitar junto a Él. Ya no vivas de las vivencias de otros. Este es el tiempo para que tengas una experiencia personal con Dios y veas cuán real es su misericordia para tu vida. Buscarás oír su voz en oración, a través de su Palabra o de un consejo basado en sus principios. Sabrás que lo que encuentres en Él estará lleno de su bondad, misericordia y perdón. Aun cuando te encuentres en un error, desearás buscarlo. Así, destruirás cualquier trampa del enemigo que trate de alejarte de Él para robar tu bendición.

3. No miente

Mientras lees este libro, puedes entender lo vital que es saber quién es Dios. Al conocerlo, nada te separará de Él y, como resultado, tendrás verdadero éxito. Es que nuestra vida está escondida en Cristo, en Dios.

Muchas veces, el enemigo nos hace dudar de Dios al hacernos creer que no cumplirá sus promesas en nuestra vida. Para esto, usa medias verdades. Por ejemplo, utilizará el tiempo que llevas esperando en Dios, sin tener una contestación, como una manera de desanimarte. Pero la respuesta para destruir cualquiera de sus argumentos está en Dios.

> «*En la esperanza de la vida eterna, la cual Dios, que no miente, prometió desde antes del principio de los siglos*» (Tito 1:2).

Esta es el arma perfecta: Dios no miente, y de Él viene la promesa. Por lo tanto, su palabra se cumplirá, aun cuando parezca tardar. Podemos tener la certeza de que su boca está llena de rectitud y de verdad. Cuán fácil es caminar seguro, cuando tu vida depende de alguien que nunca te mentirá. Puedes descansar y confiar plenamente por siempre, pues todo lo que Él habla es verdad y, por lo tanto, se cumplirá.

Este atributo de Dios dará estabilidad a tu vida y, a la vez, la certeza de que jamás serás defraudado por Él. A través de los tiempos, el enemigo ha utilizado el arma de la duda para traer incredulidad a tu vida. Sabe que si lo logra, te estará privando de todas la bendiciones que Dios tiene preparadas para tu vida.

La Palabra de Dios nos advierte al respecto:

> «*Pero pida con fe, no dudando nada; porque el que duda es semejante a la onda del mar, que es arrastrada por el viento y echada de una parte a otra. No piense, pues, quien tal haga, que recibirá cosa alguna del Señor*» (Santiago 1:6,7).

La duda te hará inestable y te desanimará para seguir el consejo de Dios, llevándote de un lugar a otro, manipulando tu vida y alejándote de la verdad de Dios. Cuando las olas son llevadas de un lugar a otro por el viento, estas se debilitan, pierden su fuerza y, al llegar a la orilla, se desvanecen. Eso es justamente lo que el enemigo pretende lograr al sembrar duda en tu corazón: desanimarte y debilitarte. El enemigo no quiere que recibas lo que Dios tiene para ti, para que no descubras todo lo que eres y el propósito divino que hay en tu vida. Entonces, a través de la duda, te desestabiliza, te desenfoca y te hace perder las fuerzas para creer.

Pero cuando conoces a Dios, a través de su Palabra, podrás destruir los dardos del enemigo, pues confías en un Dios de amor, que no hace acepción de personas, que es grande en misericordia, recto, que no miente y que, por lo tanto, cumple sus promesas. Cada uno de estos atributos de Dios te llevará a confiar en Él y a descansar en su poder y su presencia. Esta verdad habrá producido en ti la estabilidad que necesitas para permanecer en Él.

4. Es fiel

Podemos añadir a esta verdad que Dios es fiel: «*Pero fiel es el Señor, que os afirmará y guardará del mal*» (2 Tesalonicenses 3:3).

Muchas veces, pensamos que la fidelidad está solamente ligada a aquellos que son siempre fieles. Pero ser fiel es más profundo que eso. Tiene que ver con amar, aun cuando no recibes amor; con estar presente, aun cuando te han hecho daño o te han fallado. La misma Palabra lo dice: «*Si fuéremos infieles, él permanece fiel; Él no puede negarse a sí mismo*» (2 Timoteo 2:13).

Dios seguirá siendo fiel a tu vida. Aun cuando tú falles, Él te ayudará a afirmar tu camino y buscará guardarte del mal. Nunca te dejará ni te abandonará, pues su naturaleza es ser fiel. Peleará por ti y luchará para enderezar tu camino. La fidelidad de Dios hace que Él permanezca junto a ti, aun cuando tú no crees merecerlo.

Cuán diferente es el concepto de fidelidad que muchas veces nosotros manejamos. Pero a través de los ojos del Creador, podemos encontrar la definición correcta. Esto no solo te sirve para estar seguro en Dios, sino para buscar convertirte en una persona verdaderamente fiel a Él y a los que te rodean.

Es importante mencionar que «nada es imposible para Dios». Por lo tanto, no importa lo difícil que parezca tu situación, aun cuando has creído que no tiene solución, Dios te da una nueva esperanza, pues para Él nada es imposible. Todo lo puede. Es por eso que está escrito: «*Todo lo puedo en Cristo que me fortalece*» (Filipenses 4:13). Si permaneces en Él, te dará de su fuerza y verás que con Él todo es posible. Recuerda que la duda ya no podrá nublar esta verdad, pues en Dios no hay mentira. Eso te ayudará a creer, sin importar lo que tus ojos puedan ver al alrededor.

5. Nunca cambia

Otro atributo de Dios es que Él es el mismo ayer, hoy y siempre. Dios nunca cambia. Su consejo permanece para siempre y te da estabilidad. Podrás estar seguro en Él. Sabrás que si nunca cambia, nunca dejará de amarte, pues es el mismo ayer, hoy y siempre. Cuán importante es conocerlo y conocer su Palabra, para que en los momentos difíciles puedas traer a memoria sus principios, los cuales te ayudarán a permanecer firme hasta tener la victoria en tus manos. Ellos te permitirán ver con sus ojos y nunca habrá límites para lo que Él pueda hacer en tu vida. Él es el mismo que estuvo con David, con la mujer samaritana, con Pedro, con Pablo y está contigo hoy. Así como ha luchado por su pueblo en el pasado, seguirá haciéndolo por ti, pues Él es quien pelea tus batallas.

Estos son solo algunos de los atributos de Dios, pero aun estos pocos nos hacen descubrir la grandeza del corazón de Dios. ¡Qué privilegio tenemos de poder ser sus hijos y estar cerca de Él!

Si deseas borrar el impacto de tu pasado en tu vida para que no siga dañando tu presente y tu futuro, sigue su consejo. Pero solo podrás hacerlo si estás cerca de Él. Recuerda que vino a darnos libertad. Su Palabra, su verdad, te hará libre, aun de un pasado al que ya no puedes regresar. Conocer a Dios te ayudará a tener la certeza de lo que esperas y la convicción de lo que no ves. Si la fe en ti crece, te hará caminar en libertad.

No quisiera cerrar este capítulo sin animarte a buscar más de Dios y la revelación de su Palabra. Estoy segura de que el amor de Dios ha impactado tu vida y que tu relación con Él será diferente. Seguramente, tanto tú como yo hemos leído estos mismos versículos más de una vez y, por alguna razón, pasamos por alto la esencia del corazón de Dios. De esa manera, nuestras vidas se ven afectadas en todos los sentidos. Por eso yo te aconsejo no leer la Palabra, sino escudriñarla. Así reflejas que tienes sed y Él te dará de beber del agua de vida eterna que te saciará. Dios abrirá tu entendimiento y verás cosas que nunca has visto, cosas que ojo no vio ni habían subido al corazón del hombre.

El amor de Dios es como un arma que te dará fuerzas para obedecer su voz y así dejar que Él borre las huellas del pasado en tu vida y te dé libertad. ¡Úsalo!

Capítulo Cuatro

CÓMO CERRAR LA PUERTA
DEL PASADO

En el proceso para alcanzar una libertad plena, Dios desea sanar cualquier recuerdo que impida ver claramente el futuro. El texto de Eclesiastés 3:15 dice: «Y Dios restaura lo que pasó».

Eso es exactamente lo que Dios desea hacer: restaurar tus heridas, aun las más intensas que haya sufrido tu corazón. Solo Dios puede sanar el ayer, ningún ser humano puede regresar al pasado y curar las heridas. Solo Dios puede hacerlo. A través de Él, podrás cerrar la puerta del pasado y recuperar todo lo que te han robado.

Cuando le permites a Dios restaurar tu pasado, hallas plena libertad para vivir una vida saludable. No tendrás que ignorar el ayer, pues si sigues el consejo de Dios, no habrá dolor que quieras esconder, ni temores o inseguridades que terminen gobernando tu vida. Ya no caminarás sin resolver los conflictos vitales, porque tu pasado habrá sido restaurado.

Tómate de la mano de Dios y no dejes que nada te aparte de su consejo, pues en Él encontrarás libertad y sanidad. Conocerlo te permitirá confiar y dejar que obre en tu vida con libertad.

LA OPINIÓN DE DIOS

Cuando lo vivido es muy doloroso, en tu interior deseas que nunca te hubiera ocurrido. Darías cualquier cosa por retroceder el tiempo para borrarlo. Crees que la vida ha sido demasiado injusta contigo y piensas que no tienes esperanza. Pero déjame decirte que Dios es la respuesta. Hoy es día de buenas noticias. Tú y yo no podemos retroceder el tiempo, pero cuando caminas junto al Dios de lo imposible, no necesitas poder volver atrás, sino solo ponerte en sus manos, confiar en Él y dejar que su Palabra se cumpla en tu vida. Esto significa obedecer su consejo y ser testigo de su poder sobrenatural que actúa en ti. Recuerda que sus caminos y sus pensamientos son más altos que los nuestros. La razón por la que insisto tanto en esto es que nuestra mente tiene un instinto de autoprotección, y cuando algo no suena lógico o se escucha contradictorio, tiende a desecharlo. Pero, cuando se trata de Dios, este instinto se vuelve tu enemigo, pues te hace ir en contra de lo que quieres, en realidad. El desechar el consejo de Dios solo hará que ese dolor, que desearías nunca hubieras sufrido, se mantenga vivo dentro de ti, mortificándote por el resto de tu vida. Aun cuando lo único que quieres es que el dolor desaparezca, tu mente te convence de que esa no es la forma de hacerlo, haciendo a un lado a Dios. Muchas veces, no puedes comprender sus pensamientos y, simplemente, consideras que no son buenos. Así, sin darte cuenta, tu mente te engaña, dejándote atrapado en el dolor. Este se convertirá en la plataforma de tus emociones y en el filtro de tus decisiones, lo cual creará en ti un comportamiento destructivo que te empujará a más situaciones duras, en las que tú serás el principal afectado, y esto solo contribuirá a que sigas acumulando amargura dentro de ti. Es así como, sin darte cuenta, habrás desechado exactamente lo que andabas buscando. El añadir sabiduría de Dios a nuestra vida nos ayudará a tomar su consejo, a pesar de nuestra lógica, y disfrutaremos de la vida plena que Él tiene para cada uno de nosotros.

No esperes más. Toma en cuenta el consejo de Dios para tu vida y comienza a caminar en la libertad que Dios te da. Es importante que entiendas que la manera humana de resolver los problemas, muchas veces, parecerá la más fácil y conveniente. Pero lo importante no es que sea fácil o difícil, sino que produzca el resultado que deseamos.

El camino para elegir

Escoger el camino más difícil es una decisión que, en los tiempos en que vivimos, es considerada la peor que puedas tomar. Todo el mundo trabaja en hacerte la vida más fácil. Hoy en día, hay facilidad para todo; la tecnología pareciera estar a nuestro servicio. Actualmente, muchas cosas son más fáciles para aquellos que nacieron hace apenas cuatro décadas, cuando no existían el fax ni la Internet, los teléfonos celulares ni el microondas. Puedes tener una casa, un automóvil y una mejor vida con una cantidad de facilidades crediticias; o tu almuerzo hecho en cinco o diez minutos, sin haber cocinado en realidad. Por lo que se considera ridículo el buscar o escoger la manera más difícil de lograr algo, cuando tienes a la mano formas menos complicadas y llenas de facilidades para lograrlo.

Entonces, nuestra mente se pregunta: «¿Cómo es posible que Dios, el Todopoderoso, no pueda ofrecerme el camino más fácil para sanar las heridas de mi corazón, especialmente, cuando son heridas que otros me hicieron y que ni tan siquiera fui culpable de ellas?». La idea de Dios nos suena totalmente irracional en la sociedad actual.

La razón por la que se vuelve difícil no es porque lo que Dios nos pide sea difícil en verdad, es más, la realidad es que originalmente el seguir el consejo de Dios era lo más fácil para el ser humano. Lo que ocurrió fue que, cuando el pecado entró en nosotros, vino a alimentar los deseos de la carne y a luchar con los del espíritu, siendo estos últimos los que nos permiten escuchar la voz de Dios y entender, por alguna razón sobrenatural que no está ligada a nuestra lógica, que lo que Dios nos está pidiendo es la mejor decisión que podemos tomar (ver Romanos 12:2).

Cuando entiendes los propósitos de Dios y caminas junto a Él, te das cuenta de que lo difícil sería vivir una vida lleno de dolor y de amargura. Cuánto más, cuando no tienes culpa de las heridas que te hicieron. Pero tienes el poder de Dios para vivir una vida saludable en Él.

Podríamos ejemplificarlo como el principio de que dando es como recibimos (ver Lucas 6:38a). Para la carne, que tiene una gran tendencia a ser egoísta, lo lógico no es dar para tener, sino acaparar todo lo posible, para acumular y, así, llegar a tener. Entonces, para el ser humano se vuelve un tanto difícil desprenderse de lo que tanto esfuerzo le ha costado, cuando el secreto para llegar a tener en abundancia está escondido en el principio de Dios, y el mejor ejemplo que podemos usar para ilustrarlo es el de la siembra y la cosecha. Cuando un agricultor toma una semilla y la siembra, sabe que esta semilla tiene que dar su vida para lograr una cosecha. Debe morir para poder producir más fruto. Ahora bien, él necesita invertir dinero, tiempo y esfuerzo, si desea verla. Debe labrar la tierra, abonarla, usar insecticidas para las plagas y agua en abundancia para el riego de la siembra. Pero debido a que él dio primero la semilla, y la cuidó y alimentó a través de todo el procedimiento, lo que recibe es mayor que lo que sembró. En realidad, cada planta es portadora de cientos de semillas, siempre y cuando haya sido sembrada y cuidada adecuadamente. Sí, en cada semilla hay un árbol que, a su vez, producirá miles de frutos. Por lo tanto, miles de semillas que se convertirán en miles de árboles llenos de frutos. No sucede lo mismo, si la semilla permanece sin ser sembrada ni cultivada. Ciertamente, sigue siendo una semilla con tremendo potencial. Pero, mientras el agricultor no se desprenda de ella, nunca verá su fruto. Lo que para la carne no tiene lógica no es necesariamente incorrecto, especialmente, cuando se trata de Dios. Es entonces que hacer lo que le parece difícil a la carne o a nuestra mente se vuelve la mejor decisión que puedas tomar.

Otro ejemplo podría ser el trabajo de un constructor. Para él sería mucho más fácil y barato construir un edificio sin el fundamento adecuado para sostener la estructura, pues es en él donde se invierte la mayor parte del tiempo y dinero. Ahora bien, si él hiciera esto para simplificar su trabajo, el resultado sería catastrófico, pues, al menor sismo, el edificio se desplomaría, causando no solo grandes pérdidas, daños a terceras personas y demandas, sino una herida tal en su profesión que lo incapacitaría para poder continuar ejerciéndola.

La verdad es que hacerlo de la manera correcta es más difícil. Y, cuando ves los resultados de una decisión que parecía la más conveniente, por ser más rápida y fácil, te das cuenta de que lo que pensaste que era fácil, en realidad, se vuelve lo más difícil de sobrellevar, y lo que te pareció difícil al principio, en verdad, era lo mejor.

Es así como, a veces, decidimos construir nuestra vida, ignorando las bases que traemos del pasado. Hay muchas razones para ello: por no complicarnos, por evitar sentir el dolor, porque simplemente no le dimos importancia; y esa es nuestra manera de esconderlo. Es igual que construir un edificio sin bases lo suficientemente fuertes como para sostenerlo. Pero no te das cuenta de que estás hablando del edificio de tu vida. No se trata de una carrera profesional, la cual si ya no puedes ejercer, todavía tienes la oportunidad de estudiar otra. Con tu vida no puedes hacer lo mismo, pues solo tienes una. Si no te detienes a revisar tu cimiento, podrías perder tu vida entera, irónicamente, cuando lo que estás haciendo es tratar de vivirla.

Hay personas que pasan todo su tiempo construyendo sobre un fundamento dañado y no logran empezar o terminar su edificio. Esto se debe a que las bases sobre las que comenzaron no tenían fuerza emocional ni espiritual y, cada vez que llegaba una tormenta, destruía lo que habían edificado. Lo duro de esto es que no te das cuenta de lo que sucede en realidad, ignoras que tiene que ver con las heridas del ayer que se han convertido en el fundamento o la plataforma de tu vida. Muchas personas, a pesar de ver sus edificios colapsar, una y otra vez, no se dan por vencidas tan fácilmente y deciden iniciar una nueva construcción. Pero, por seguir ignorando las bases sobre las que trabajan, sus vidas han seguido desmoronándose. Cuando menos sienten, llega una fuerte tempestad y destruye, una vez más, lo que tanto les costó construir. Esto sucederá en tu vida, si continúas sin arreglar tus cimientos.

Claro que no estamos hablando de un edificio de concreto, sino de los diferentes planes que tienes en tu vida: sociales, emocionales, laborales, espirituales. Otras personas, simplemente, se han dado por vencidas, con el convencimiento de que no fueron diseñadas para tener éxito en la vida; dejaron todo y se conformaron con su actual condición, seguras de que no hay otra opción.

RESTAURAR LO QUE PASÓ

Hoy es día de buenas noticias para todos. Recuerda que nuestro Dios dice que restaurará lo que pasó (Eclesiastés 3:15). La palabra «restaurar», según el *Diccionario Enciclopédico Océano*, significa: «Recuperar, recobrar. Reparar, renovar o volver a poner una cosa en el estado o estimación que antes tenía». Eso es exactamente lo que Dios quiere hacer en tu vida: que recuperes todo lo que habías perdido y Él te volverá a poner en la condición original, limpiando todo lo que te impedía ser lo que diseñó para ti. Él quiere llevarte sin heridas frente a sus planes de bien y de bendición para tu vida. Entonces, lo que tenemos que hacer es tomar en cuenta a Dios, para asegurarnos de que nuestras bases sean sólidas y firmes y de que todo lo que construyamos en nuestra vida permanezca y no se desplome con cada dificultad. Por eso, es tiempo que pongamos el interés adecuado en la opinión de Dios. Él es el diseñador de nuestra vida y sabrá restaurar todo el daño que nuestro fundamento ha recibido, para dejarlo en perfecta condición y así poder construir en él una vida plena y abundante. Este es uno de los milagros maravillosos de Dios: el ver cómo su poder sobrenatural obra de una manera sorprendente, a través de nuestra obediencia y confianza en Él.

Ahora bien, esta vida plena no es una vida sin dificultades. Estoy hablando de tener la capacidad de enfrentarlas saludablemente. El problema no es la tormenta, sino cuán sana está tu vida para poder soportarla, sin que esta te destruya. Dios te da la

oportunidad de tener una vida sin esas heridas del corazón, que te hacen reaccionar de la manera equivocada o magnificar el dolor que existe en realidad, y no te permiten resolver los problemas de la manera correcta.

Entonces, este es el momento de confiar plenamente en Dios; ya no esperes más. Él es el único y el mejor camino. Y lo más importante es que, aunque parezca difícil, el resultado será mejor del que tú puedas anhelar.

EL CONSEJO DE DIOS

¿Cuál es el consejo de Dios para restaurar tu pasado? Es aquí donde entra el perdón, pues para cerrar sus puertas y puedas ser restaurado, necesitas perdonar.

«Quítense de vosotros toda amargura, enojo, ira, gritería y maledicencia, y toda malicia. Antes sed benignos unos con otros, misericordiosos, perdonándoos unos a otros, como Dios también os perdonó a vosotros en Cristo» (Efesios 4:31,32).

Dios dice que para borrar la amargura, el enojo, la ira, la gritería y maledicencia, sin olvidar que cada una de estas cosas fue propiciada por una ofensa, y el dolor se fue transformando hasta desarrollar cada una de ellas, es necesario perdonarnos unos a otros.

Básicamente, Dios nos está dando la respuesta que sanará las heridas de nuestro corazón. Es el perdón lo que Dios usará para borrar el dolor que se convirtió en amargura, enojo, ira, gritos, maledicencias y maldad, y que quitó la paz y la salud a nuestra vida.

Ahora bien, la palabra «perdón», tal vez, no parezca la correcta y, por lo tanto, la idea nos parece totalmente desagradable. Este sentimiento se acentúa más aún, cuando aquellos que te han dañado ni tan siquiera se han arrepentido. Por ello, me gustaría que nos detuviéramos a pensar cuáles son los argumentos que no nos permiten perdonar o, simplemente, puede ser el hecho de que no tenemos un concepto equilibrado del perdón:

Razones que no te permiten perdonar:

1. Algunos dicen que no lo sienten y no pueden hacer algo que no sienten, pues no sería sincero ni honesto. Así que no perdonarán hasta no sentir el deseo de hacerlo.

2. Creen que perdonar es como decir que estuvo bien lo que les hicieron.

3. Otros dicen que es totalmente injusto perdonar, pues la persona no se merece el perdón.

4. Piensan que si toman la decisión de no perdonar solo así se hará justicia. Esto lleva a considerar que, si se perdona, básicamente, se está perdiendo la esperanza de ver que se haga justicia. Esta es una de las razones más fuertes por la que las personas se aferran a no perdonar.

5. Otros no perdonan, como un mecanismo de autoprotección, porque creen que solo así podrán permanecer alertas a que no les vuelva a pasar algo similar. Consideran que, al perdonar, bajarán sus defensas y se volverán vulnerables.

6. Para otros, el perdón parece favorecer al victimario y no a la víctima.

Todos estos argumentos se basan en lo que cada persona entiende del perdón. Cada uno de ellos suena tan válido que ni siquiera verificamos su veracidad. Los tomamos como absolutos y los aplicamos a nuestra vida, sin medir las consecuencias de nuestra decisión. Pero lo cierto es que la verdad del perdón está muy lejana de estos razonamientos, sin importar cuán válidos parezcan. Esto nos lleva a querer entender el término «perdón» de una manera más clara y de acuerdo al propósito de Dios. Usaremos cada uno de ellos para descubrir lo que verdaderamente considera el perdonar a nuestros ofensores.

EL PERDÓN

Veamos con un poco más de objetividad la explicación de cada concepto por separado.

1. *«Algunos dicen que no lo sienten y no pueden hacer algo que no sienten, pues no sería sincero ni honesto. Así que no perdonarán hasta no sentir el deseo de hacerlo.»* Es importante entender que el perdón no es un sentimiento o una emoción, sino, más bien, una decisión de no traer más a memoria lo que te hicieron. La Palabra de Dios dice que cuando Dios perdona, sepulta nuestros pecados y echa en el fondo del mar nuestras iniquidades, decidiendo no traerlas más a memoria (ver Miqueas 7:19, Hebreos 10:17). Dios no padece de amnesia. La decisión de perdonar lo lleva a la de olvidar la ofensa. De igual manera, el perdón, para cada uno de nosotros, deberá ser una decisión no basada en emociones, sino en lo que es correcto hacer. Me impactó lo que dice, con respecto al perdón,

Mateo 6:14: «porque si perdonáis a los hombres sus ofensas, os perdonará también a vosotros vuestro Padre celestial». El no perdonar a otros se vuelve la decisión de no recibir el perdón de Dios. Ninguno de nosotros desea vivir sin él. Tu carne siempre irá en contra de las cosas del Espíritu, por lo que nunca sentirás el deseo de perdonar. Es ahí donde no debes dejar que tus emociones dicten lo que harás, sino que el consejo de Dios te guíe, decidiendo perdonar en un acto de obediencia a Dios.

2. *«Creen que perdonar es como decir que estuvo bien lo que les hicieron.»* Es un error creer que el hecho de perdonar excusa el mal comportamiento de los demás. El perdonar no le da libertad a nadie de continuar causando daño ni dice que estuvo bien lo que hicieron o que estás de acuerdo con ellos. Más bien, el perdón dice que no estás dispuesto a permanecer herido por el pecado o el error de otros. Ahora, el ofensor debe buscar un cambio en su vida para no seguir ofendiendo a los demás. El simple hecho de que se le haya perdonado no modificará su actitud, sino la acción por seguir, en busca de un cambio. El perdón que tú das no lo exime de su responsabilidad ni cambia el hecho de que estuvo mal su proceder.

3. *«Otros dicen que es totalmente injusto perdonar, pues la persona no se merece el perdón.»* No se trata de si alguien es merecedor o no del perdón, sino de la decisión que tomas al perdonar, para vivir en paz. El perdón no está ligado al cambio de la tercera persona, sino a la decisión que tú tomas para vivir libre de dolor. El hecho de que alguien no se merezca perdón no es una razón válida

para que tú permanezcas lastimado. Sería injusto que no sanes tu herida por no darle a alguien algo que, según nuestra discreción, no merece.

4. *«Piensan que si toman la decisión de no perdonar solo así se hará justicia. Esto lleva a considerar que, si se perdona, básicamente, se está perdiendo la esperanza de ver que se haga justicia. Esta es una de las razones más fuertes por la que las personas se aferran a no perdonar.»* Esto es un deseo de venganza, disfrazado en el término «justicia». La sed de venganza, en realidad, nunca es saciada. Pareciera que nada compensa el daño que nos hicieron. El dolor y la amargura aumentan. Y al final, nos daña aún más, a nosotros y a otros que no nos han perjudicado, como nuestra propia familia o a las personas a quienes más amamos. El Señor Jesús fue muy sabio al respecto, cuando en 1 Pedro 2:21-23 el apóstol dice: «Pues para esto fuisteis llamados; porque también Cristo padeció por nosotros, dejándonos ejemplo, para que sigáis sus pisadas; el cual no hizo pecado, ni se halló engaño en su boca; quien cuando le maldecían, no respondía con maldición; cuando padecía, no amenazaba, sino encomendaba la causa al que juzga justamente». El Señor sabía las consecuencias de albergar venganza, por lo que constantemente perdonó. Pero a la vez, dejaba su causa en las manos de Dios Todopoderoso, que todo lo ve y quien juzga justamente. La justicia de Dios no depende de nuestros deseos de venganza. Ellos solo son un engaño que te mantienen atrapado en heridas del pasado y hacen que el dolor parezca como si fuera ayer cuando te

dañaron. Pero no moverán la mano de Dios para hacer justicia, pues Él tiene su tiempo perfecto para cada uno de nosotros. La justicia de Dios no está motivada por enojo, ira, amargura, sino que está basada en un corazón de amor que lo único que busca para todos es la redención. Sin darnos cuenta, el razonamiento equivocado de esperar justicia nos posiciona automáticamente en el mismo estado del ofensor, pues empezamos a desear el mal a nuestro prójimo, y esto se considera pecado. Por consiguiente, no logramos sanar la herida de nuestro corazón. Cuán fácil es desenfocarnos, pues lo que deseamos es no haber sufrido tal cosa. Pero tampoco podemos cambiar lo que pasó ni sanar nuestro dolor por medio de la venganza. Entonces, por qué no nos enfocamos en lo que necesitamos y deseamos, lo cual nos llevará a cruzar la puerta del perdón y, así, pondremos fin al dolor. Una vez libres de él, podremos ver más claramente y actuar más sabiamente.

5. «*Otros no perdonan como un mecanismo de autoprotección, porque creen que solo así podrán permanecer alertas a que no les vuelva a pasar algo similar. Consideran que, al perdonar, bajarán sus defensas y se volverán vulnerables.*» El aferrarse a la ofensa para ser protegido es igual a lo que dice Proverbios 18:19: «El hermano ofendido es más tenaz que una ciudad fuerte, y las contiendas de los hermanos son como cerrojos de alcázar». Para que lo entendamos bien, veamos qué es «tenaz». Según el *Diccionario Enciclopédico Océano,* significa «que se pega a una cosa y es difícil de separar. Que opone mucha resistencia a romperse o deformarse. Firme, terco en un propósito».

Ahora definamos lo que es una ciudad fuerte. El mejor ejemplo en el que puedo pensar es la ciudad de Jericó, con sus murallas gigantescas a su alrededor, puestas ahí para protección. Si la ciudad es tenaz quiere decir que sus murallas son resistentes, irrompibles. En este caso, para dar protección a los que en ella habitan. Para tener una más amplia imagen de lo fuerte de estas murallas, leamos Josué 2:15: «Entonces ella los hizo descender con una cuerda por la ventana; porque su casa estaba en el muro de la ciudad, y ella vivía en el muro». Dentro de los muros había casas, ¡quiere decir que ellos podían tener un espesor de seis a ocho metros aproximadamente! Esa es una pared monstruosa, imponente, verdaderamente impenetrable. Pero lo que Dios dice es que un hermano ofendido es más fuerte, más impenetrable, más firme y terco que una ciudad fuerte; porque cree sentirse seguro al levantar murallas alrededor de su corazón, y eso es autoprotección. Una ciudad fuerte tenía la función de no dejar entrar a nadie que fuera una amenaza para sus habitantes. Si alguien parecía sospechoso, no podía entrar; tampoco, si no pagaban los impuestos. Nadie indeseable podía penetrar. De la misma forma, actúa una persona que se aferra a la ofensa, buscando permanecer alerta y protegida. No deja que nadie entre, pues ve a las personas como una amenaza, ya que representan para ella la probabilidad de ser herida nuevamente. La persona tiende a mantener relaciones superficiales, no se arriesga a involucrarse profundamente, por el temor a ser ofendida otra vez. Se le hace difícil amar y ser amada, pues tiende a desconfiar en la honestidad o sinceridad de los demás. Esto último hace que sea una persona solitaria y con una gran necesidad de ser amada. Pero no se da cuenta de que ella misma está decidiendo, indirectamente, dejar fuera de su vida esta probabilidad. Así, en vez de protegerse, se expone a más heridas, encerrándose en un ciclo vicioso que pareciera no tener fin. Pero su tenacidad hace que se aferre a este mecanismo de defensa por el temor a volverse vulnerable. En realidad, la mejor manera de proteger tu corazón es soltar la ofensa, a través del perdón y, así, recibir la sanidad de Dios que borra el dolor, volviéndote seguro en Dios y en las herramientas que Él te da para permanecer en libertad.

6. *«Para otros, el perdón parece favorecer al victimario y no a la víctima.»* El perdón de Dios trae favor para *todos* aquellos que lo reciben, ya que borra sus pecados, a través del arrepentimiento. Pero el que tú das a los demás es diferente. Podrá permitirle a la otra persona gozar de tu relación con ella, pero la mayor bendición la recibes tú, por la decisión que tomaste. La falta de perdón es igual a una cárcel invisible que te mantiene preso en las heridas del ayer, dejando que la ofensa continúe dañando tu vida. Hay personas que han pasado su vida entera prisioneras de las heridas que les hicieron personas que hasta ya han fallecido. Lo cierto es que, estén vivas o no, se hayan arrepentido o no, sea el daño grave o leve, no debes permitir que ese episodio de tu vida permanezca vivo el resto de tu existencia. El perdón te da el poder para quitar el dolor del daño que le han hecho a tu corazón. Y tú resultarás el más favorecido.

Todas estas razones que nos impiden perdonar, con el propósito de encontrar justicia, protección, seguridad, o de darnos la razón solo nos llevan a permanecer heridos, inseguros, desprotegidos, por tiempo indefinido. Esto no es lógico, pues nadie, en su plena razón, decide permanecer dañado cuando la herida que produce el dolor puede ser sanada. Hay sufrimientos que no pueden evitarse; pero para qué sufrir de una forma constante, si existe una cura para tu dolor. Esto sucede cuando la mente o el corazón te engañan, y entonces permaneces, por voluntad propia, encarcelado a una herida por tiempo indefinido.

Mientras no perdones, sin importar cuánto tiempo pase, cada vez que te acuerdes de lo que te hicieron o vivas una situación similar, el dolor aparecerá como si hubiese sido ayer. Para que esto no suceda, necesitas entender que perdonar no significa justificar o dejar libre de responsabilidad a quien cometió la falta. El perdón es la puerta que tú cruzas para que Dios, de una forma sobrenatural, pueda sanar y restaurar tu corazón para que permanezcas en libertad.

Recuerda que muchas veces no podemos vivir en libertad porque insistimos en confiar en lo que nuestra mente nos dicta y no en lo que Dios ha escrito en su Palabra.

RENOVAR NUESTRO ENTENDIMIENTO

Dios nos da el consejo, no para complicarnos la vida, sino para evitar que tropecemos constantemente en nuestro camino. Entonces, sigámoslo. Romanos 12:2 nos aconseja: «No os conforméis a este siglo, sino transformaos en la renovación de nuestro entendimiento, para que comprobéis cuál sea la buena voluntad de Dios, agradable y perfecta».

Veamos el significado de las siguientes palabras, según el *Diccionario Enciclopédico Océano:*

Conforme: «igual a, de acuerdo con».

Transformar: «hacer cambiar de forma, cambiar el modo o dar a alguna cosa distinto uso o función».

Renovar: «reemplazar».

Entonces, lo que Dios nos está queriendo decir es que nuestra mente no debe tomar forma según los conceptos de este siglo, sino que debemos darle una función distinta a la que por su naturaleza pecaminosa tiende a tener, para que nuestro entendimiento sea cambiado a un nivel espiritual. Así, podremos comprobar que la voluntad de Dios es buena, agradable y perfecta. Debemos renovarlo constantemente para no perder de vista la tremenda bendición que hay en los consejos de Dios y, de este modo, evitar que la percepción de la mente natural se interponga en la vida abundante que Dios tiene preparada para nosotros. Hoy, lo estamos haciendo con respecto al perdón, lo cual nos permitirá verlo de una forma agradable, buena y perfecta, ya que es la voluntad de Dios. Es que el perdón podría ser igual al óleo que se menciona constantemente en la Palabra. En el tiempo antiguo, y estoy segura de que aún hoy, el óleo o aceite de oliva se empleaba tanto interna como externamente, ya que sus cualidades emolientes y protectoras hacían que fuera un remedio valioso para los desórdenes gástricos. Y el perdón protege nuestro corazón de daños severos producidos por las heridas de la vida. Es una de las medicinas espirituales que nos permite tener una vida saludable, ya que es del corazón de donde mana la vida.

¡Cuán importante es permanecer en constantemente renovación de nuestro entendimiento!

El perdón sana tu herida y te deja libre del dolor. No justifica lo que te hicieron y, mucho menos, dice que estuvo bien. Más bien, es un regalo de Dios para ti, pues al usarlo destruyes el daño que otros te causaron. No hay razón para sufrir toda la vida por lo que alguien te hizo y vivir condenada al dolor, por el pecado de otro. El perdón es el arma que Dios te da para que pongas fin a tu sufrimiento. Es parte de tu equipo de supervivencia.

Hace muchos años, trabajé como aeromoza de una línea aérea. Como parte de los diferentes entrenamientos que recibimos, estaba el de un amaraje, que es el aterrizaje forzoso de un avión en alta mar. Dentro de los botes salvavidas había un equipo de supervivencia, con un balde de tela plástica (para que no ocupara mucho espacio) y una esponja deshidratada (ambos servían para sacar el agua de la balsa, en caso de que se llenara de agua, para evitar que se hundiera); un inflador y parches, por si la balsa perdía aire; y unas pastillas especiales para descalcificar, que servían para eliminar la sal del agua de mar y preservar la vida de los pasajeros, evitando su muerte por deshidratación. De la misma manera, yo considero que el perdón es parte de un equipo de supervivencia para tu vida diaria. Recuerda que es imposible que no haya tropiezos, problemas u ofensas. Por ello debes estar preparado, para que tu vida emocional sea saludable.

Si comparamos el perdón con el balde o con la esponja deshidratada, podríamos decir que evitará que tu corazón se inunde de cosas desagradables que pueden hundirte. Además, después de perdonar, recibes nuevas fuerzas para continuar, así como el inflador llena de aire la balsa para que siga siendo útil. El perdón, también, sana las heridas, los agujeros que fueron provocados por una ofensa o acción en contra tuya, al igual que los parches tapan los de la balsa. A la vez, limpiará tu corazón de emociones negativas que le harán daño a tu vida, así como las pastillas descalcificadoras le quitan la sal al agua para que esta sea potable. Un corazón sano es un corazón libre para cumplir su propósito en la vida.

EL PERDÓN, UNA HERRAMIENTA

Cuando vemos el perdón bajo una nueva perspectiva, la perspectiva de Dios, nos damos cuenta de que, en vez de ser una palabra desagradable, en realidad, es uno de los mejores aliados en nuestra caminata por la vida. El perdón se ha convertido en la herramienta que te permite resolver conflictos de una manera sana, y disfrutar tu vida plenamente, sin dejar que los errores u ofensas de otras personas roben tu tiempo. Cuando por diferentes razones, no pude ver claro y me quedé ofendida por más de un día o dos, finalmente, al lograr perdonar, me daba cuenta de que acababa de desperdiciar una buena cantidad de horas de mi vida, por haber permanecido molesta o enojada, demorando el perdón. Así, tomé conciencia de cuánto tiempo, ya irrecuperable, había desaprovechado por no hacer uso del perdón. Por eso, constantemente, procuro no seguir perdiendo mi vida en iras y en contiendas interminables, tratando de buscar un culpable, sino que me he dejado acompañar de uno de los mejores aliados que he podido encontrar, el perdón.

No te dejes engañar por tu mente natural, trabaja en cambiar, en transformar tu mente, renovándola con la sabiduría de Dios, para que logres ver en todas las facetas de tu vida la buena, la agradable perfecta voluntad de Dios.

La palabra «bueno» indica bondad, útil, conveniente, grande, suficiente, agradable, divertido, no deteriorado, bastante, sano. La palabra «agradable» se refiere a complacer. Cada una de estos adjetivos es exactamente lo que siempre encontrarás en Dios, en su Palabra, en su consejo; pues su voluntad es perfecta, es decir, no tiene fallas. Solo necesitas renovar tu mente para entenderla y disfrutarla. El plan de Dios para nosotros es que tengamos «vida, y vida en abundancia» (Juan 10:10[b]). Este es un buen momento para que medites en lo que debes hacer. Probablemente hay muchas cosas que han venido a tu memoria, que necesitas resolver en tu corazón a través del perdón. Recuerda que, aun cuando lo que sientas por esas personas no sea agradable en este momento, es la decisión que tomas hoy lo que hará la diferencia en tu corazón. Pues Dios, con su poder sobrenatural, hará que ese perdón se convierta en sanidad para tu vida.

CÓMO PERDONAR

Muchas veces nos preguntamos cómo hacerlo. Cuando perdoné por primera vez las cosas del pasado, recuerdo haber mencionado a cada persona involucrada y lo que yo perdonaba de ellas, con voz audible, sabiendo que el confesar las cosas sana tus heridas o tu corazón (Santiago 5:16). No fui gráfica al respecto. Cuando traes a la memoria cada detalle solo producirá más dolor. No lo hagas, pues el propósito es que él desaparezca, y no que se vuelva mayor. No necesitas recordar cada detalle para saber la magnitud de lo que estás perdonando, pero sé puntual en cada cosa que decidas perdonar. Permite que ese dolor que habías albergado dentro de ti salga. Hasta ese momento, yo era una experta en ignorar lo que llevaba dentro de mi corazón. La mayor parte del tiempo ni sentía dolor. Pero, aun así, él había moldeado mi vida, mi carácter y mi personalidad. De modo que, posiblemente, derramarás algunas lágrimas. Yo recuerdo hasta haber levantado mi voz. Era impresionante lo que llevaba dentro. Así que busca un lugar tranquilo, donde nadie te moleste y donde puedas expresarte sin temor a ser escuchado. Este es un momento especial para ti. Puedes expresar todo lo que llevas en el corazón, con libertad, delante de Dios. Quizás sea odio, ira y tantas cosas más, pero dilo todo con el propósito resuelto de perdonar, en el nombre de Jesús, pues en Él hay poder y libertad.

Cuando hayas terminado, pide a Dios que llene tu corazón de su paz y su amor. Te sentirás más liviano por dentro. Ese peso, esa opresión que sentías antes en el pecho, cuando recordabas los episodios negativos de tu vida, habrán desaparecido. Pero es importante llenar tu corazón con lo correcto. Por eso debes permitirle a Dios tomar ese lugar y así aprenderás a desarrollar todas las cosas que por mucho tiempo estuvieron escondidas en ti. Es un buen momento para fortalecer tu relación con Dios y, día a día, ir creciendo en sabiduría y en la plenitud de aquel que todo lo llena. Efesios 3:19 dice: «Y de conocer al amor de Cristo, que excede a todo conocimiento, para que seáis llenos de toda la plenitud de Dios». Cuando estás herido, tu vacío se vuelve más grande, y comienzas a buscar personas, actividades o cosas para llenarlo, cuando aquel que todo lo llena es Dios.

Recuerdo el primer día en que busqué la presencia de Dios para perdonar. Oré y dije, a la ligera: «Perdono a todos los que me ofendieron» y mencioné los nombres de las personas que más me habían dañado, sin pensar en lo que me habían hecho. Hice lo mismo por un mes entero, pero cada vez que me acordaba de ellos, por alguna razón, me daba cuenta de que seguía rechazándolos. Por un momento pensé que eso del perdón no me estaba funcionando. Pero no me había percatado de que, en realidad, no estaba perdonando lo que me habían hecho; es decir, que no deseaba o que no estaba del todo dispuesta a perdonar. Finalmente, tomé la decisión honesta de perdonar, de soltar las heridas, confiando en la plenitud de la promesa de Dios, y sucedió lo sobrenatural, lo que tanto había deseado. Aun sin que mi lógica lo entendiera, Dios había cumplido su palabra: el dolor ya no estaba dentro de mí. Todavía creo que no tiene lógica de qué manera soltar algo puede devolverte todo lo que habías perdido. Recobré la sonrisa —no la del diente al labio—, sino aquella que proviene directamente de tu interior, de tu corazón. Era como si tuviera una nueva oportunidad de vivir, solo que esta vez de una mejor manera. Fue ahí donde descubrí que había sido prisionera de las heridas del ayer. Había dejado que ciertos episodios de mi vida —unos breves, otros constantes, pero todos, parte del pasado— la gobernaran, y había permanecido prisionera en esa cárcel invisible que las heridas habían formado. Lo irónico es que yo, sin darme cuenta, había tomado la decisión de vivir en ella. Todavía puedo saborear ese momento en el que, por primera vez en mi vida, mi corazón era libre de las heridas. Era el sabor de vivir en libertad y puedo recordarlo como si fuese ayer.

La libertad produce deseo de vivir, alegría y una visión nueva de la vida. Todo lo que Dios ha hecho conmigo hasta hoy: la esposa que soy, la madre que mis hijos tienen, la mujer que sirve a Dios, todo eso dependió de la decisión que tomé once años atrás. No hay palabras que puedan expresar la gratitud que tengo hacia Él por todo lo que hizo, hace y hará. Pero el que me haya guiado al perdón guarda un lugar especial en mi corazón. Gracias a eso conocí su libertad, en la cual pretendo caminar todos lo días de mi vida. En esa lucha estoy, y este libro pretende ayudarte a que tú también lo hagas.

Lo cierto es que me tomó un mes entender cómo perdonar, y hay dos razones por las que te lo comento. La primera es que no deseo que te desesperes. Lo importante es que seas constante es tus caminos. En Gálatas 6:9 dice: «No nos cansemos, pues, de hacer el bien; porque a su tiempo segaremos, si no desmayamos». Así que persiste en perdonar hasta que la decisión salga de tu corazón o hasta que Dios te muestre exactamente lo que necesitas soltar. No lo hagas a la ligera, tómate tu tiempo y perdona cada circunstancia. Yo sé que, al final, segarás libertad, sanidad y la vida plena que Dios tiene para ti.

La segunda razón es para ser testimonio viviente de que la Palabra de Dios es fiel y verdadera. Yo recuperé mi vida, esa vida que Dios te promete desde el momento en que fuiste concebido. Debes saber que tú también puedes lograrlo al obedecer a Dios y a su Palabra. Como ya sabes, Él no hace acepción de personas, y todo lo puedes en Cristo pues Él te fortalece. Este no es momento para dudas, es momento para creer y tener fe, pues la fe es la certeza de lo que esperas y la convicción de lo que no se ve (Hebreos 11:1).

No pretendo que sea una decisión fácil, pues cuando todavía estás herido, es difícil soltar el perdón. Pero, te puedo asegurar que no te arrepentirás.

La mayor motivación

Según mi experiencia, la mayor motivación para el perdón es Dios. Te recomiendo que la mantengas en mente al leer el resto del libro, pues ella te permitirá caminar en libertad en este mundo imperfecto y lleno de maldad. La tendrás cuando tu relación con Dios se fortalezca, pues, a medida que lo conoces, descubres el inmenso amor que tiene para ti, que te hará vivir junto a Él y para Él. Así, palparás más claramente a Dios, porque estarás más atento de su presencia. Podrás darte cuenta cuándo te está protegiendo, proveyendo, consolando o dándote vida a través de la corrección.

Muchas veces, por no tener una relación íntima con Dios, no estamos pendientes de Él, y pasan inadvertidas todas las cosas que Dios hace por nosotros, en las que se manifiesta su amor. Cuando esto sucede, nos perdemos de saborear su amor que, al final, se volverá nuestra mayor motivación para obedecer su Palabra y permanecer junto a Él. El texto de Romanos 8:35, 37-39 no podría decirlo de mejor manera. Veamos: «¿Quién nos separará del amor de Cristo? ¿Tribulación, o angustia, o persecución, o hambre, o desnudez, o peligro, o espada? Antes, en todas estas cosas somos más que vencedores por medio de aquel que nos amó. Por lo cual estoy seguro de que ni la muerte, ni la vida, ni ángeles, ni principados, ni potestades, ni lo presente, ni lo por venir, ni lo alto, ni lo profundo, ni ninguna otra cosa creada nos podrá separar del amor de Dios, que es en Cristo Jesús Señor nuestro».

Cuando te estableces en el amor de Dios, será imposible que algo te separe de Él y de su camino. A la vez, será imposible que no lo ames; más bien, lo harás con todo tu corazón, con toda tu alma, con toda tu mente y con todas tus fuerzas. Aun cuando nada de lo demás sea una motivación para perdonar, aun cuando, en medio del enojo, digas que no te importan las consecuencias, este amor te rescatará dándote una razón más fuerte que la vida, que la muerte, que lo presente o por venir. Te encontrarás obedeciendo a Dios, y podrás perdonar por sobre todas la cosas, aun por sobre ti mismo. Hasta en ese momento su amor está peleando por ti, dándote la fuerza que necesitas para persistir y permanecer en Él. Y te evitará las consecuencias negativas que podrías recibir, pues te dará libertad y un corazón sano que te permitirá vivir la vida plena que Él te da.

Son incontables las ocasiones en que lo único que me sostuvo fue el amor de Dios y hacia Dios. Puedo recordar cómo, en medio del enojo o del dolor, no lograba ver con claridad. Esas emociones o sentimientos me empujaban a tomar decisiones que luego lamentaría. Pero su amor me sostuvo, pues no podía ir en contra del amor de Dios. Nunca terminaré de agradecerle, pues su amor me libra de mí misma y de las trampas del enemigo. En verdad, no hay nada más grande ni más fuerte que él.

Conocer a Dios y su Palabra hará que el amor que puso dentro de ti se desate con mayor fuerza y poder, como parte vital de tu equipo de supervivencia, y te ayude a accionar el perdón.

No esperes a terminar el libro para tomar tu decisión. Deja que el Espíritu Santo guíe tu corazón. No pospongas el día de iniciar una relación personal con Dios. Es la mejor aventura que podrás experimentar. Una vez más, puedo asegurarte que no te arrepentirás.

ROMPER CON LOS PATRONES DE CONDUCTA

El perdón sanará tus heridas y traerá muchos cambios a tu vida. Estos te llevarán a vivir una vida más saludable y placentera. Muchos de ellos serán un proceso en tu vida, como romper los patrones de conducta que habías adquirido. Haberlos identificado te ayudará a estar consciente de ellos, para que, cuando tu mente te diga que reacciones de tal o cual manera, tú puedas contrarrestar ese pensamiento, tomando la decisión correcta. Tus cambios serán progresivos, a medida que te tomes fuerte de la mano de Dios, y, poco a poco, cada uno de estos patrones de comportamiento desaparecerá de tu vida.

Al sacar a la luz tu verdadera personalidad, ya no estará contaminada con todos esos comportamientos enfermizos de un corazón herido que sobrevive a través de los mecanismos de defensa. Suelo decir que al atravesar este proceso tuve que reconocerme nuevamente, pues donde yo pensaba que estaba mi fuerza, solo había mecanismos de defensa. Ciertos rasgos de mi personalidad tenían gran influencia de las heridas que llevaba dentro de mí. Por eso, el sanarlas me hizo descubrir cualidades que Dios me había dado, que por mucho tiempo ignoré, creyendo que lo que conocía de mí era todo lo que había.

A la vez, nunca pensé que muchos de los rasgos que definían mi personalidad, en realidad, no eran parte de mí. Simplemente, existían debido a que eran alimentados y desarrollados por las heridas que guardaba en mi corazón, rasgos que no aportaban nada bueno a mi vida. Mas cuando pasé por el proceso del perdón, pude identificarlos y desecharlos, ya que no eran genéticos, sino adquiridos. Después de eso, solo fue cuestión de tiempo para descubrir muchos otros rasgos míos que habían sido opacados y estaban escondidos en medio de mis heridas.

¡Es tan fácil caminar por la vida sin darte cuenta de que vives a la defensiva! Lo sé porque me sucedió durante veinticuatro años.

Pero, una vez sanado, ya no sientes que debes sobreprotegerte. Solo esto cambió mi actitud hacia los demás: era más comprensiva, menos irritable, tenía más paciencia. Las personas a mi alrededor me preguntaban: «¿Qué cambió en ti?, te ves mucho más agradable que antes». Estaba sorprendida de lo que el perdón trajo a mi vida. Ese solo fue el inicio. Poco a poco, comenzó a trabajar en todas las áreas que habían sido afectadas, renovando la seguridad que había perdido, cambiando el miedo por la certeza de que Dios estaba en control, y de que, sin importar lo que me llegara, Él siempre tenía un propósito para mí. En toda circunstancia podía descubrir parte de su propósito para mi vida. Reafirmé su Palabra sobre ella, pues escrito está en Romanos 8:28: «Y sabemos que a los que aman a Dios, todas las cosas les ayudan a bien, esto es, a los que conforme a la voluntad de Dios son llamados».

Cada día traía algo nuevo para mí. Caminar tomada de la mano de Dios ha sido la mejor decisión que tomé. Y no encuentro suficientes palabras para agradecerle. Mi vida es un milagro de Dios, uno de los más grandiosos para mí. Literalmente, entré al campo del enemigo y le quité lo que me robó, y todo lo hice con el poder de Dios.

Si piensas que restaurar tu vida es imposible, déjame reafirmarte que para nuestro Dios nada es imposible. Tómate de su mano, camina junto a Él, abraza el perdón y deja que Dios «restaure lo que pasó».

Desde ese momento, Él ha continuado trabajando en todas las áreas de mi vida que necesitan un cambio. Pretendo seguir tomada de su mano para que termine la obra que comenzó en mí.

Hoy es el día en que tú puedes iniciar el proceso del perdón y gozar de la libertad que este te dará. Lee el siguiente cuestionario para que te ayude a afirmar la palabra de Dios en tu corazón.

AUTOEXAMEN

Escribe lo que aprendiste del poder de Dios y del constante renovar de nuestro entendimiento.

_____

_____

_____

Identifica dentro de ti cuán confiado estás en Dios y cuáles son las áreas en las que necesitas dejar que Él cambie tu entendimiento. Examina tu amor por Dios, y a la vez cuán amado te sientes por Él.

Capítulo Cinco

AVANZAR EN EL CAMINO DEL PERDÓN

 La primera parte del perdón te enseña el poder que hay en él para sanar tus heridas, lo cual es imprescindible para avanzar. Has abierto la puerta del perdón; ahora debes seguir el camino que ella te muestra.

Recuerdo que, justo después de haber perdonado, Dios me guió a desatar amor en mi corazón para con aquellos que me habían ofendido. Es que, de alguna manera, después de perdonar, creemos que todo está hecho, pues ya no sentimos nada en contra de la otra persona. Pero la verdad es que no sentimos nada, ni malo ni bueno.

Dios me llevó al libro de Mateo 5:44-45: «Pero yo os digo: Amad a vuestros enemigos, bendecid a los que os maldicen, haced bien a los que os aborrecen, y orad por los que os ultrajan y os persiguen; para que seáis hijos de vuestro Padre que está en los cielos, que hace salir su sol sobre malos y buenos, y que hace llover sobre justos e injustos».

La esencia de Dios es el amor. Sus hijos desarrollan el amor de Dios, el cual se buscará en cada uno de ellos para ser reconocido como tal. Esto suena abrumador, el primer pensamiento que se nos cruza es: «ya fue suficientemente difícil perdonar, ¡y ahora me pides que ame! Si Dios supiera lo difícil que fue el proceso, no estaría pidiéndome semejante cosa».

Humanamente hablando, suena imposible de hacer. Mas cuando te aferras al Dios que todo lo puede, descubres que lo que es imposible para el hombre por sí solo se hace posible cuando caminas con Dios. Así, en cada momento, debes usar su poder y su Palabra para ver cómo se manifiestan en aquello que el ser humano no puede realizar. Para esto, debemos aprender a caminar en el Espíritu y no en los deseos de la carne (Gálatas 5:16). Este concepto pareciera no ser muy claro; ¿qué es lo que realmente Dios quiso decir? Es simple: caminar en la carne es seguir tus deseos, emociones, pensamientos, separados de lo que Dios dice en su Palabra, ya que mientras vivas en un cuerpo de carne, este tendrá deseos de la carne. Vivir en el Espíritu es tomar en cuenta los consejos espirituales de Dios y dejar que su Palabra guíe tu vida. Cuando haces esto, manifiestas que Dios ha puesto en ti todas las herramientas para caminar en el Espíritu, para tener la fuerza y el poder para vencer todas las situaciones o circunstancias difíciles de la vida y, a la vez, vencer tu carne. Lo único que tienes que hacer es buscar en su Palabra y encontrarás esas armas para vivir en el Espíritu y vencer.

Caminar en el Espíritu no es andar en una nube o estar arriba de las demás personas, creyéndonos superiores a ellas, pues esa actitud iría en contra del consejo de Dios, quien nos enseña a ser humildes de corazón. Caminar en el Espíritu es solamente obedecer su Palabra. Básicamente es ir en contra de los deseos de la carne que te alejan del consejo de Dios. En este caso, tu carne te dice que no debes amar a tales personas, pues ya es suficiente con no tener deseos o sentimientos negativos hacia ellos. Pero el consejo de Dios nos dice que amemos a nuestros enemigos, que desatemos bendición, aun hacia aquellos que nos maldicen; que seamos buenos, es decir, amables, agradables, bondadosos con los que nos aborrecen. Dios no nos enviará a hacer algo que no podamos hacer. Cuando estamos junto a Él, podemos descubrir todo lo que nos ha dado para poder caminar en el Espíritu. En este caso específico, ya nos dio su amor, el cual es perfecto para lograrlo. En 2 Timoteo 1:7 descubrimos: «Porque no nos ha dado Dios espíritu de cobardía, sino de poder, *de amor* y de dominio propio».

Dios nos ha insertado su amor, con el que podemos cubrir multitud de faltas, y nos capacita para darlo aun aquellos a los que pensamos que nunca podríamos amar. Por eso, no debemos pedir amor para ellos, sino, más bien, desatar el amor de Dios que ya habita en nosotros para que podamos amar a nuestros enemigos u ofensores.

Recuerda: no todos aquellos a los que perdonaste se habrán arrepentido. Hay personas que no logran reconocer sus faltas y, por lo tanto, no se arrepienten de ellas. Por lo que es necesario aprender a desarrollar el amor de Dios que ya está en nosotros.

Esto te llevará a descubrir el gran poder del amor de Dios. Al final, el más beneficiado serás tú, ya que la Palabra de Dios siempre se cumple, y a los que aman a Dios todas las cosas les ayudan a bien. Cuando te ves a ti mismo amando a alguien que, humanamente hablando, te es imposible amar, eso no deja de sorprenderte. Donde antes había dolor, enojo, rabia, odio, amargura, deseos de venganza, viste el milagro del perdón que trajo paz y sanidad al dolor.

Pero, a la vez, no quedaron sentimientos ni buenos ni malos para aquellos que te habían ofendido. No deja de sorprenderte cómo hoy, al haber tomado la decisión de amar, te encuentras lleno de gozo; un gozo más grande del que te puedes imaginar. Tanto que pareciera no tener explicación. Y todo porque amas a alguien a quien pensaste jamás podrías amar.

Lo que está sucediendo, en realidad, es que ese amor que Dios ha puesto en cada uno de nosotros sale de nuestro interior para poderlo dar a otros y, al hacerlo, inunda todo nuestro ser, siendo primeramente nosotros los bendecidos por él. Fue así como descubrí la felicidad de amar. A todos nos gusta ser amados, por lo que la mayoría de las veces nos concentramos en satisfacer esa necesidad. De lo que no nos damos cuenta es de que, cuanto más nos concentramos en ser amados, más padecemos, pues con esta actitud, los errores de las personas resaltan como si tuvieran color fluorescente y los interpretamos como desamor. Entonces, al final, en vez de sentirnos amados, nos sentimos defraudados, lo cual nos causa más heridas que felicidad. Pero cuando decides concentrarte en amar, usando el amor de Dios, no esperas nada a cambio. El solo el hecho de amar llena nuestra vida de felicidad. De igual manera, terminas siendo amado, pues todo lo que siembres cosecharás.

Cada uno de estos pasos ha formado parte de mi vida. Cuando decidí amar a mis ofensores, al principio no sabía qué era lo que me hacía tan feliz al encontrarme con aquellos que en algún tiempo fueron mis enemigos, pero aun sin entenderlo, gozaba cada segundo el poder amar a cada uno de ellos. Fue con el tiempo que entendí que esa felicidad provenía del eterno y perfecto amor de Dios que estaba inundando todo mi ser.

EL VERDADERO AMOR

Para esto, es importante tener el concepto correcto del amor, el cual está en el libro de 1 Corintios 13: 4-8ª. Desglosemos su significado, según Dios:

1. **Sufrido:** sostener, resistir, aguantar, tolerar. Generalmente, definimos el amor con otros términos; mas el amor de Dios, que Él ha puesto en cada uno de nosotros, tiene la capacidad de resistir el sufrimiento sin desaparecer. Es decir que es fuerte como para permanecer vivo, a pesar de el sufrimiento. No quiere decir que al amar estamos destinados a padecer por siempre. Esto merece nuestra atención, ya que el sufrimiento no está ligado necesariamente al amor. Hay personas a las que no has amado, mas sin embargo, te han hecho sufrir. El dolor es parte de la vida, debido a que nuestra condición de imperfectos nos lleva a cometer faltas. Pero sí, quiere decir que el amor está diseñado para aguantar cualquier tormenta y sobrevivir a ella.

2. **Benigno:** afable, benévolo, templado, apacible. Es decir que hay bondad plena en él, y no cabe la maldad. De la misma manera, cuando a alguien se le diagnostica un tumor, lo primero que quiere saber es si es benigno, ya que así queda libre de todo peligro y, a la vez, esto indica que no hay nada de maldad en él. Entonces, puedes estar seguro en el amor perfecto de Dios, ya que no hay ni la más pequeña pizca de maldad en él. Lo único que encontrarás en el verdadero amor es bondad, compasión, misericordia, fidelidad y todo lo bueno que puedas

imaginar. Esto me hace pensar que siempre decimos verdadero amor, como si existiera otro tipo de amor, cuando en verdad solo hay uno (pues si no es verdadero, entonces no es amor). Ahora bien, no es que la gente no ame; lo que sucede es que no sabemos el concepto real del amor. O, simplemente, sin darnos cuenta, lo mezclamos con el egocentrismo de nuestro corazón imperfecto. Cuando lo que haces o dices no lleva bondad, no estamos amando, por lo que es bueno revisarlo todo antes de actuar y así poder decidir actuar en amor.

3. **Sin envidia:** no tener pesar del bien ajeno. Se alegra del bien de otros, sin importar su propia condición. Lo que esto significa es que no necesita estar bien para gozarse del bienestar de otros. No le produce dolor o incomodidad ver a los demás caminar en bendición, así como tampoco le molesta que la tengan aquellos que están fallando en alguna área de su vida.

4. **Sin jactancia:** no se alaba excesiva ni presuntuosamente de su propia excelencia. No busca ser el centro e la atención, pues su motivación es pura y honesta. No se enfoca en lo bueno que hace, como para alabarse a sí mismo. Ni busca la excelencia para alimentarse a sí mimo. No se interesa en ser alabado ni presume de su bondad.

5. **No se envanece:** no se infunde soberbia ni vanagloria. No hay orgullo en él, pues no importa cuán bueno es; eso no le da la razón de sentirse arriba de los demás. Más bien, la palabra de Romanos 12:3 se aplica perfectamen-

te al amor, pues no tiene «más alto concepto de sí mismo, sino que piensa de sí con cordura». Entonces, no tiene problemas con vanagloriarse y minimizar a los demás.

6. **No hace nada indebido:** no hace nada injusto o ilícito. No hace nada fuera de la justicia o que viole la justicia divina. El amor no daña, no ofende, no traiciona, no juzga, no critica, no condena. Somos los humanos los que dañamos, ofendemos, traicionamos, juzgamos, criticamos y condenamos a los demás. Esto sucede cuando nos olvidamos de tomar del amor perfecto de Dios que ya está en nosotros. Lo cual no debemos hacer en nuestras fuerzas si no en el poder de Dios, es decir desatando este amor en cada oportunidad donde nos encontremos faltos de él.

7. **No busca lo suyo:** no anda tras sus propios intereses. No es egocéntrico: su enfoque no está en él, sino que quiere dar a los demás. Se complace en bendecir a otros, pues en él no hay egoísmo. No espera recibir para dar, más bien, da sin esperar recibir.

8. **No se irrita:** no es exageradamente sensible. No ve la vida a través de emociones, sino de motivaciones, lo que le permite no ser hipersensible a las diferentes circunstancias o actitudes que lo rodean. Debido a que está enfocado en los demás, cuando alguien comete una falta contra él, perdona con facilidad y se centra en lo que pueda haber en la otra persona que lo motiva a comportarse

negativamente. Esto hace que la ofensa no produzca enojo ni irritación, sino más bien compasión.

9. **No guarda rencor:** no guarda resentimientos arraigados y tenaces. No mantiene récord de las faltas cometidas hacia él, pues no puede guardar rencor, ya que es benigno en todos sus caminos. Vive una vida de perdón para no permitir que el dolor se arraigue en él y se convierta en resentimiento.

10. **No se goza de la injusticia:** le entristece todo comportamiento contrario a la justicia. No se alegra con el dolor ajeno, pues la justicia de Dios lo único que busca es hacer el bien y, no, hacer sufrir a la humanidad.

11. **Se goza en la verdad:** se alegra y se place con lo que es veraz, certero. Su gozo está en lo honesto, puro y verdadero. Por lo que su deseo hacia los demás es honesto, puro y verdadero, y esto produce un gozo eterno en él.

12. **Todo lo sufre:** tiene la capacidad de sufrir sin ser destruido. No hay tormenta ni dolor que pueda terminar el amor, pues su fuerza supera cualquier tempestad. Esto mismo hace que sea invencible.

13. **Todo lo cree:** todo lo recibe como verosímil. El verdadero amor echa fuera el temor, lo que le permite creerlo todo, sin padecer la inseguridad fomentada por el miedo, que da a luz la desconfianza. Entonces esta tampoco puede interrumpir la decisión de creerlo todo.

14. **Todo lo espera:** espera con calma todas las cosas, tiene la facultad de contenerse. La paciencia es parte de su virtud, la cual lo faculta para saber esperar con calma y confiar. Pero, a la vez, implica que está preparado para esperarlo todo, pues todas sus cualidades lo capacitan para poder responder a cualquier circunstancia.

15. **Todo lo soporta:** tiene la capacidad de sostener, sufrir, tolerarlo todo. Tres veces se afirma su capacidad y su fuerza para tolerar el sufrimiento, de tal forma que podamos entender y creer, sin lugar a dudas, que el amor es eterno, como lo dice el final del pasaje.

16. **Nunca deja de ser:** En ningún tiempo, en ninguna ocasión, el amor dejará de ser amor. Nada puede destruirlo, es a prueba de todo, durará para siempre. Cuántos hemos escuchado el dicho de que debemos regarlo como a una flor, para que no muera. Pero si el amor nunca muere, ¿qué es lo que pasa cuando dejamos de amar? El amor no es una emoción, sino una decisión. Entonces, lo que pasa es que has decidido dejar de amar, porque mezclaste el amor con el egoísmo de tu corazón y, al hacerlo, amas solamente cuando recibes. Por lo tanto, cuando las cosas no funcionan a tu favor, decides dejar de amar. Pero el amor sigue existiendo dentro de ti con todas las fuerzas, esperando que puedas separar el egoísmo, para poder amar en verdad, aun cuando no recibas la misma respuesta de los demás.

Con ese amor somos llamados a amar, y no solo a nuestros enemigos, sino a todos los que nos rodean en la vida. Ahora, no te asustes ni lo veas como algo imposible, pues ese amor ya está dentro de ti, y lo único que necesitas es accionar en él, entendiéndolo correctamente. Si por tu imperfección te equivocas, recuerda que en el amor no hay maldad; eso quiere decir que no te desechará. El amor se goza en la verdad. Entonces, lo correcto es aceptar tu error con honestidad y hacer lo que es debido. Arrepiéntete, busca un cambio y continúa ejercitando el amor que vive en ti.

EL PERFECTO AMOR EN NOSOTROS

Alguien podría preguntarse: ¿Cómo puedo amar con este amor, si yo no soy perfecto? Este tipo de pensamiento es el que nos lleva a diluir el amor perfecto de Dios y convertirlo en una fórmula nueva que no podemos llamar amor.

A pesar de nuestra imperfección, Dios puso en nosotros su amor (2 Timoteo 1:7). Lo único que tenemos que hacer es tomar el perfecto amor que ya está en nosotros y dejar que gobierne nuestros sentimientos y emociones (corazón, mente y alma).

Quiero aclarar lo siguiente para evitar cualquier mala interpretación de la acción de amar: en casos especiales —como los de abuso físico o sexual, dentro de una pareja o por parte de un miembro de la familia— en que la persona abusadora no desea cambiar, y la situación se repite, el hecho de perdonarla y amarla no te obliga a permanecer a su lado ni a someterte a golpes físicos o a violación sexual. Si eres víctima de ello, te seguirá sucediendo mientras vivas con esa persona, lo cual te daña no solo física, sino también, emocionalmente. Además, pone en riesgo tu vida. Si en este momento estás involucrado en una relación similar a esta, y tu vida está en peligro, debes tener ayuda inmediata. Busca un consejero profesional bíblico,* que no solo conoce los daños que se producen dentro de una persona al ser objeto de ciertos abusos, sino también, el consejo de la Palabra de Dios para aplicarlo a tu vida y ayudarte a sanar la heridas. A la vez, podrá ofrecer ayuda a la persona abusadora, si esta lo permite. Dios no desea que las familias se desintegren, pero Él no hace nada indebido. Por lo tanto, no te pedirá, en este caso específico, que permanezcas en un lugar donde tu vida corre peligro. El sufrimiento que Dios permite que vivamos tiene un propósito diferente, nos ayuda a crecer y a desarrollarnos en él. No nos minimiza ni busca humillarnos, ni destruir nuestra integridad, ni desatar muerte sobre nosotros. Ahora bien, si perdonas, ni aun este tipo de ofensa te impedirá amar a la persona, lo cual es sobrenatural en gran manera, pero el amor no te obligará a estar sujeta a ese tipo de abuso, pues en él no cabe la maldad. Entonces, si alguien te dice lo contrario, no viene del consejo de Dios; posiblemente, han interpretado errónea-mente la Palabra. Por eso debes pedir mucho discernimiento a Dios para encontrar la persona apropiada que pueda ayudarte. Dios desea hacerlo y la pondrá cerca de ti. Generalmente, cuando alguien ha padecido esto, tiene miedo de buscar ayuda. Pero recuerda que el amor de Dios echa fuera el temor: este es el momento de aferrarte a ese amor. ¡Toma fuerzas y busca ayuda! Ese tipo de ofensas no las puedes resolver tú solo. Necesitas la ayuda

---

* Busca a tu pastor, a un psicólogo cristiano, o ayuda del gobierno, si está disponible en tu país.

de alguien que tenga experiencia en ellas. Lee la Palabra, en Romanos 13:1-5, y verás que las autoridades están puestas por Dios para velar por tu bien y castigar el mal.

Sé que me tomé la libertad de tocar un tema diferente, pero está ligado al amor. Dios no desea confundirnos, sino ser claro en todos sus caminos. Por mucho tiempo he visto cómo los hombres hemos malinterpretado la Palabra en muchas áreas como esta. Por ello, quiero dejar el concepto lo más claro posible, para que realmente podamos gozar de la libertad del amor de Dios.

Confío en el Señor y en el Espíritu Santo, en que ahora puedas tener un concepto más claro del amor y ver a través de él.

¿Cómo aplicamos el perdón a aquellas personas que, quizá, no nos han dañado gravemente, pero cuyos errores constantes se han convertido en ofensas difíciles de manejar? Estas son personas con las que tienes que compartir tu vida o muchas horas de trabajo y, por lo tanto, eres afectado por sus faltas constantemente. A pesar de saber que esas acciones, actitudes, o formas de comunicación te molestan, parecieran no entender y continúan comportándose de esa manera. Entonces surge la siguiente pregunta.

¿CUÁNTAS VECES DEBO PERDONAR?

Primero, déjame decirte que el perdón viene a convertirse en un aliado para tu vida. Esta es la misma pegunta que Pedro le hizo a Jesús (Mateo 18:21). Solemos decir: «Ya me cansé de perdonar y de no ver cambios en los demás». Yo perdí la cuenta de cuántas veces lo dije, así que no te sorprendas. Lo que puede hacer la diferencia es a quién se lo dices, pues si esa persona no está alineada con la Palabra de Dios, posiblemente, el consejo que te dé no sea el más apropiado. Cuando pienso en las veces que yo dije lo mismo, me doy cuenta de que a quien se lo decía primero era a Dios. He tenido la costumbre de correr a Él en todo momento, y cuando tomas en cuenta a Dios en todos tus caminos, verás cómo Él siempre te pondrá en la perspectiva correcta.

Las respuestas que Jesús te da nunca dejarán de sorprenderte. Como aquella que le dio a Pedro, la cual nos deja de sorprendernos. Leamos Mateo 18:22: «Jesús le dijo: No te digo hasta siete, sino aun hasta setenta veces siete». Lo primero que debemos entender es que en aquel tiempo, el número siete indicaba perfección. Es decir que cuando Pedro dijo «hasta siete veces», en el contexto de la época, implicaba un esfuerzo sobrehumano, pues estaba indicando que haría hasta lo último para perdonar al ofensor. Por ello, Pedro no se espera la repuesta de Jesús; así como ninguno de nosotros, que estamos en la posición de tener que perdonar, esperamos una respuesta así. Mas Jesús está diciendo que siete veces no es suficiente.

Puedo ver cómo, en la mente de Pedro, las preguntas comienzan a surgir: ¿Cómo que no es suficiente? ¿Acaso el número siete no indica perfección? ¿Hay algo superior a la perfección? ¿Qué le está pasando al Maestro? ¿Cómo nos pide semejante cosa? ¿Acaso no se da cuenta de que eso es humanamente imposible? Pero Jesús no había terminado de hablar, por lo que, al mismo tiempo que Pedro está batallando en su mente con sus preguntas, continúa hablando y le dice: *Más bien, debes perdonar hasta cuatrocientas noventa veces.* No puedo ni imaginar el rostro de Pedro y de sus discípulos, al terminar de oír la declaración de Jesús. Él sigue con una parábola, en la que se refleja que recibimos el perdón de Dios en la medida en que nosotros perdonamos a los demás. En el versículo 35 del mismo capítulo, dice: «Así también mi padre celestial hará con vosotros, si no perdonáis de corazón cada uno a su hermano sus ofensas».

El perdón debe ser de corazón, y al unir este principio con el del amor, sería imposible caminar en amor, si solo perdonáramos siete veces, cuando las probabilidades de que seamos ofendidos son infinitas (y mucho más, por aquellos con los que vivimos o trabajamos todos los días). Recuerda que todos somos imperfectos, y esto aumenta en gran manera las posibilidades de que nos equivoquemos. Básicamente, lo que Jesús nos está diciendo es que el perdón debe ser parte de nuestras vidas para poder vivir saludablemente y con paz interior. La cantidad de cuatrocientos noventa (490) indica que no debemos llevar cuenta de las veces que perdonamos a los demás, ya que el perdón es «borrón y cuenta nueva», pues a través de él se borra la herida de la ofensa. No podemos decir que ya fue suficiente, mientras tengamos que relacionarnos con otras personas. Como alguien dijo una vez: «Donde hay más de una persona, tenga la seguridad de que puede haber problemas». A veces, estos surgen por la simple razón de que las personas piensan diferente: lo que es agradable para uno es desagradable para el otro. La respuesta no está en aislarte para evitar conflictos, aunque eso en realidad sería casi imposible de lograr, pues necesitas relacionarte con otras personas por muchas razones que son parte de la vida. La respuesta está en usar las herramientas que Dios te da, en aprender a caminar en el Espíritu, en emplear el perdón como parte del equipo de supervivencia que llevarás contigo todos los días de tu vida, para mantenerte sano y en libertad.

EL PERDÓN DIARIO

Una actitud que nos puede ayudar a visualizar el perdón diario es la de ponernos en los zapatos de los demás. Por ejemplo, para una mujer, el que hablen mal de ella es catastrófico, la ofende en gran manera. El enojo y la indignación salen a flote instantáneamente y, si no se detiene a pensar, reaccionará impulsivamente en su defensa. Pero si se tomara el tiempo para verse a sí misma, lo más probable es que encontrará más de alguna ocasión en la que habló mal de otra persona; quizá, sin pensarlo o totalmente alerta de lo que estaba haciendo.

En verdad, ¡es tan fácil hablar mal de alguien…! Solo se necesita una persona que, según nuestra discreción, cultura y educación, no esté vestida correctamente, para que, sin pensarlo, hagamos comentarios como: «¡Mira qué mal vestido va!» o: «¡Qué sinvergüenza!, ¿acaso no se da cuenta de que está mostrando todo?» o: «¿No está un poco pasadita de peso para vestirse de esa manera?».

Creo que a más de una de las mujeres lectoras estas frases les parecerán conocidas. Como pueden ver, es muy fácil expresarnos a la ligera. Entonces, al ponernos en los zapatos de la otra persona, la indignación y el enojo cambian de tamaño y se reducen, haciéndonos ver la situación de una manera más objetiva. Pues nos damos cuenta de que nosotros hemos sido culpables de lo mismo. Esto, a la vez, nos ayudará a buscar un cambio, pues comprobamos en nuestra propia carne que los comentarios negativos que hacemos son realmente dolorosos para la persona a la cual están dirigidos.

En segundo lugar, nos dará misericordia hacia la persona que nos ofendió, contribuyendo esto a perdonar con mayor facilidad.

De la misma manera, como hombre, te ves afectado grandemente cuando alguien te falta el respeto, ya que para ti es esencial. Pero, si te detienes a verte, encontrarás que muchas veces has hecho lo mismo a otras personas, de palabra, de hecho o de pensamiento. Algunas, quizá, sin intención; otras, posiblemente motivado por el enojo. Pero eso es lo de menos, lo importante es que nos demos cuenta de cuán fácil es estar en la posición de ofensor. Se trata de ponernos en los zapatos de los demás, lo cual nos ayudará a no cometer errores bajo los arranques de enojo o ira, y, a la vez, a no juzgar a la ligera, pues al final del camino, todos somos ofensores en algún momento de la vida.

El ponerte en los zapatos de otro es tan sencillo como preguntarte a ti mismo: ¿Me he equivocado alguna vez? ¡Claro que sí! Y Estoy segura que tú también. Eso automáticamente nos convierte en ofensores, pues muchos de nuestros errores han terminado ofendiendo o afectando negativamente a terceras personas.

Este consejo lo aplicó Jesús en su tiempo: en el Evangelio de Juan 8:3-11. Allí se narra la historia de una mujer que fue encontrada en el mismo acto de adulterio. Esta es una ofensa muy grande que daña a muchos. En esa época, la ley decía que si alguien era hallado en él, debía ser apedreado. Los que la conocían estaban preparados para hacerla cumplir, pero trajeron la mujer a Jesús, con la intención de ponerlo a prueba. Este, sorprendiéndolos como solo Él sabe hacerlo, les hace lo que pareciera un simple comentario: «El que de vosotros esté sin pecado sea el primero en arrojar la piedra contra ella». Al hacer esto, Jesús sabía que los estaba obligando a verse a sí mismos, a revisar su historial de vida, para que, uno a uno, se dieran cuenta de que todos habían cometido pecado. Ni uno solo quedó en la escena. Sin importar la gravedad de la ofensa, cada uno comprendió que era de igual manera ofensor y, por lo tanto, no podía juzgarla. Jesús no justificó su error, pero le dio la oportunidad de arrepentirse y la guió para que no pecase más.

Somos muy prontos a juzgar el pecado ajeno (Mateo 7:3), sin considerarnos a nosotros mismos; no nos detenemos a pensar si hemos fallado o no, y cabe la gran posibilidad de que, al revisarnos, descubramos que cometimos la misma falta de la cual hoy nosotros somos objeto.

Un ejemplo risible, pero real, es el de cuando manejas por las calles de tu ciudad, especialmente, en los países latinos, donde es un total peligro (esto, sin tratar de hacernos una mala propaganda). Por ejemplo, quizás, el que manejaba frente a ti, de repente, reduce su velocidad para cruzar en la siguiente calle —sin poner la vía para avisarte, al menos, de lo que pretende hacer—, dejándote con un susto de infarto, ya que tuviste que frenar repentinamente para evitar chocar contra él. El corazón se acelera, tu mente comienza a trabajar de forma apresurada y, en el mejor de los casos, empiezas a decir dentro de ti: «¡Aprenda a manejar!», «¿Acaso le regalaron la licencia?», «¡Aunque sea, saque la lengua!». Sé muy bien lo que se piensa porque yo era una de las que lo pensaba. El último era uno de mis pensamientos favoritos, aunque yo estaba siendo bastante cristiana al respecto, ya que no vociferaba nada y, mucho menos, pensaba palabras deshonestas. Pero estos pensamientos van acumulando el enojo dentro de ti y son capaces de arruinarte el día entero y hasta de afectar a terceros, pues llegas tensa a tu trabajo o a tu hogar, y son las personas que se encuentran ahí las que terminan pagando las consecuencias. Hasta que un buen día, Jesús hizo conmigo lo mismo que con los escribas y fariseos: me hizo ver cuántas veces yo había hecho lo mismo. Unas por ir distraída; otras, porque las vías no funcionaban. Entonces, vi que ninguna vez lo había hecho a propósito y que cabía la posibilidad de que lo mismo les sucediera a los demás. Desde ese momento, en vez de enojarme, le doy gracias a Dios por guardarme no solo de chocar, sino también, de juzgar a la ligera y pecar contra Dios y, además, por gozar del beneficio al saber que esos errores ya no interrumpen mi vida ni la de los que me rodean.

NADA ES SUPERFICIAL

Pero... ¿y cuando hacen las cosas a propósito? Algo que podría ayudarnos a entender al ofensor es que nada es superficial. Todo lo que hacemos y decimos emana del corazón. Proverbios 23:7 dice: «Porque cual es su pensamiento en su corazón, tal es él». Muchas veces, podemos decir: *¡Mira qué amargada es esa persona!*, y molestarnos y quejarnos, sin pensar a qué se debe su amargura. Recuerdo que cuando estaba en la secundaria, había cierta secretaria en el colegio, a la cual habíamos denominado «la amargada». Decíamos que su estado se debía a que nunca se había casado y sin ninguna contemplación nos burlábamos de ella y la criticábamos constantemente, remedándola en todo tiempo (por supuesto, todo a sus espaldas). Claro que ella nos hacía la vida más difícil en la escuela, y eso justificaba, según nosotras, nuestro comportamiento. Hoy me arrepiento de mi gran ignorancia en aquel entonces. Si en verdad se debía a que nunca se había casado, entonces lo cierto es que el dolor de su soledad la había amargado. Posiblemente, lo único que necesitaba era un poco de amor, aun de unas colegialas que eran extrañas a su vida. Pero ese amor podría haber sido el óleo que la hiciera volver a sonreír, de la misma manera que le dio vida el amor de Jesús a la mujer samaritana. El criticarla y burlarnos de ella no hizo nuestra estancia en el colegio más fácil. En realidad, era nuestra forma de hacer catarsis, pero eso no cambió nada. Mas si hubiésemos tenido la capacidad de ver más allá, estoy segura de que hubiéramos podido ayudar a esa mujer que, a través de su amargura, estaba gritando su soledad; y, a la vez, nuestra vida escolar hubiese sido más placentera.

¡Es tan fácil ignorar lo que pasa dentro del corazón de alguien y juzgar por lo que vemos en el exterior! Por eso Jesús, constantemente, a través de su Palabra, trata de enseñarnos lo contrario. Él no juzgó a la mujer samaritana solo por sus actos, sino que vio lo que nadie podía: su corazón, que gritaba desesperadamente por amor. Fue un grito en silencio, que la llevó a repetir su error una y otra vez, afectando a todos los que la rodeaban: su familia, posiblemente sus hijos; y destruyó su propia estima y testimonio delante de los demás, y nada logró saciar su sed.

Así, hoy en día, muchos cometen error tras error, sin saciar los vacíos de su corazón, afectando posiblemente a aquellos a quienes más aman. Mientras tanto, nosotros, a veces, no somos más que observadores, dedicados a criticar, murmurar, juzgar; a defender nuestra causa, sin pensar por un momento que, tal vez, podemos ayudar, guiando a esa persona a la misma fuente de agua a la que Jesús llevó a la mujer samaritana, dándole propósito a nuestra vida y a la de alguien más.

Ayudar a otros

¿Cómo podríamos ayudar? Podrías acercarte a la persona en un momento propicio. Es decir que no sería un buen tiempo, cuando está estresada u ocupada o de mal humor. Aun cuando a ti te parezca más importante hablar del tema que cualquier otra cosa, recuerda que no se trata de ti o del beneficio que puedas obtener al ayudar a esta persona, sino solamente de ella, para que Dios pueda sanar su corazón.

Al encontrar el momento oportuno, sería bueno preguntar qué es lo que ella cree que la hace actuar de esa forma, qué siente dentro, de manera que pueda reconocer sus emociones y descubrir lo que pasa en su interior. Ya que la mayoría del tiempo no nos detenemos a preguntarnos qué es lo que realmente pasa dentro de nosotros. Esto, a la vez, te permitirá ver más allá, descubriendo un poco lo que guarda en su corazón. Quizá, esta persona necesita sanar heridas del pasado, y tú puedas ayudarle, como este libro te ayudó a ti. Si crees que te es imposible hacerlo, puedes aconsejarle que busque la ayuda de alguien que sea de su confianza y que esté capacitado en consejería profesional bíblica; o de un pastor o líder consejero, con alto concepto de confidencialidad. También, este mismo libro le puede servir de ayuda.

Solo el hecho de que tu postura cambie de estar a la defensiva para estar de su lado hará que esa persona se sienta segura y pueda confiarte sus áreas débiles. Ahora, no podrás ayudar a alguien que te ofendió, si no has perdonado el agravio. Muchas veces traté de hacerlo, diciéndome a mí misma: «No me voy a enojar, vamos hablar al respecto». Pero eso no es suficiente. Con más razón, cuando lo que estás buscando oír de tu ofensor —y la mayoría de veces es así— son palabras de arrepentimiento y, después de hablar, la persona no las dice. Entonces, mi corazón, ya ofendido, no tenía la capacidad de resistir otra afrenta, por lo que el enojo se volvía aún mayor que al principio. El resultado era aún peor, si la persona se ponía a la defensiva y no veía su error, y todo mi esfuerzo por no discutir quedaba en el recipiente de la basura.

Sin darme cuenta, mi esfuerzo por ayudar, realmente, era egoísta: deseaba ayudar para mi propio beneficio, y el no haber perdonado me hacía menos tolerante a cualquier otro error que pudiera surgir en la conversación. Ciertamente, no bastan las buenas intenciones. Necesitamos el perdón para, primero, sanar el dolor pues este hará borrosa nuestra verdadera motivación, y lo que parecía una intención noble y buena terminará dañándote a ti y a tu ofensor.

El no perdonar solamente perjudicará más cualquier relación, aun cuando tu intención sea muy buena, y estés luchando para que todo funcione mejor. Esto no contribuirá al cambio en los demás, pues no puedes cosechar lo que no siembras. Los seres humanos tenemos la tendencia a creer que a través del enojo, la amenaza, la crítica, la murmuración, el sarcasmo, podemos lograr que el ofensor reaccione y cambie para bien. Esto, a lo mejor, llega producir un cambio. Pero será solo momentáneo, ya que no está basado en una decisión tomada con convencimiento, sino en el deseo de evitar más discusión. Por esto, empiezas a vivir en un círculo vicioso, donde el enojo va en aumento, y las heridas continúan acumulándose en tu corazón, hasta que la relación se vuelve intolerable.

Sembrar paz

No puedes cosechar armonía y cambio cuando lo que estás sembrando es enojo, manipulación, rechazo, amenaza, sarcasmo, murmuración, crítica o amor condicionado. Más bien, aun cuando iniciaste todo este proceso como la víctima de una ofensa, al final te habrás convertido en ofensor, convencido de que lo único que estás haciendo es responder o defenderte del daño que te han hecho.

Pensemos en algunas frases que usamos cuando estamos molestos, deseando con ellas causar arrepentimiento: «Nunca cambias», «Ya estoy cansada de que prometas y no cumplas», «Una mujer de Dios no se comporta así», «No te quiero ver orando, después de lo que has hecho», «Siempre supe que no me amabas» o «Si supieras lo que significa ser cabeza del hogar, otra sería la historia», «No eres con quien yo pensé haberme casado», «No eres el mismo con quien yo me casé», «No conoces el concepto de la verdadera amistad», «Eres un fraude», «Eres un egoísta», «Debieron ponerte "hielo" por nombre: la Antártica, sin ti, se derrite», «Eres un completo hipócrita». También, reflexionemos sobre las veces que, públicamente, lanzamos una frase sarcástica y avergonzamos a nuestro ofensor.

Cada una de estas expresiones está llena de burlas, de críticas directas al carácter y a los valores de la persona. Ellas buscan manipularla y la acusan aun de cosas, cuya veracidad no conocemos con certeza. Son como dardos al corazón de nuestro ofensor. Las decimos con toda libertad porque pensamos que la otra persona se lo merece. El enojo logra gobernarnos de tal forma que perdemos el control de nuestros labios. Irónicamente, dentro de nosotros, esperamos que al final, todo eso dé buenos resultados. Pero lo único que ha pasado es que ahora ya no eres tú el único lastimado: el ofensor ha pasado a ser víctima de tu enojo y también se siente ofendido. ¡Cuidado con esto, pues la Palabra dice que la esperanza de los impíos es el enojo! (Proverbios 11:23b).

El trabajo se vuelve más difícil porque ahora ambos se sienten ofendidos y con los derechos de seguirse defendiendo, sin la necesidad de reconocer sus propias faltas, ya que se ven el uno al otro como culpables. Aquí ya no le importa al primer ofensor quién fue el que inició el agravio, pues se siente de igual manera agredido.

Cuando vemos las circunstancias difíciles desde esta perspectiva, podemos comprender con mayor claridad por qué nuestros problemas no se están solucionando.

Llegadas las cosas a este punto, el proceso se vuelve un poco más lento, ya que aun cuando tú has logrado perdonar —y hoy tu motivación de iniciar una conversación para resolver la situación es correcta—, la otra persona estará a la defensiva, tratará de esconder sus faltas y debilidades, pues creerá que el aceptarlas lo vuelve vulnerable, y que después serán usadas en su contra. Tomará un poco de tiempo ganar la confianza de esa persona nuevamente. Mientras tanto, el que tú permanezcas con un corazón sano, es decir, perdonador, te ayudará a poder esperar hasta que ella se sienta segura de confiarte su necesidad o sus sentimientos. Es importante reconocer que esta conducta es producto de nuestra defensa, esto ayudará a que seamos más pacientes. En cuanto tú permanezcas en la actitud apropiada, podrás reafirmar a la otra persona con respecto a tu cambio, y eso ayudará a acelerar el proceso en su vida. El consejo de Filipenses 4:8 es la mejor receta para nuestros labios: «Por lo demás, hermanos, todo lo que es verdadero, todo lo honesto, todo lo justo, todo lo puro, todo lo amable, todo lo que es de buen nombre; si hay virtud alguna, si algo digno de alabanza, en esto pensad». Como podemos ver, no basta con que lo que pensemos y digamos sea verdad; esta verdad debe de ser amable, digna de alabanza, pura, buena, llena de virtud. Ejercitémonos en esta palabra y recibamos los frutos de nuestros labios. Recuerda, no tienes que hacerlo solo, tómate de la mano de Dios y usa de su poder, de su fuerza y amor para poder permanecer. Una relación saludable es cuando ambos buscan el cambio, pero este casi siempre inicia primero con una persona. La clave está en la forma de hacerlo.

Al hacer todo esto de manera inapropiada, nos desviamos de nuestras responsabilidades y culpamos a otros por nuestras reacciones o decisiones.

NADIE PUEDE QUITARTE LA BENDICIÓN

Hace algunos años, aprendí una lección que me ayudó y me ayudará por el resto de mi vida. Era un día de semana normal. Mi esposo y yo teníamos diferentes obligaciones. Al final del día, nos reuniríamos para cenar con nuestro pastor. Habíamos acordado hacerlo en un centro comercial, a las 7:30 de la noche. A las 5 de la tarde yo tenía mi última consejería, por lo que pensé que la hora era perfecta. Esta tarea se alargó —por lo general, suelo terminar a tiempo, pero este caso era especial—, por lo que yo sabía que no podía irme hasta dejar las cosas lo mejor posible, para evitar duras consecuencias. Al final, Dios se glorificó, pero ya estaba demorada 15 minutos. Sin embargo, el gozo de lo que Dios había hecho me hizo sentir que a mi esposo no le importaría mi tardanza. Cuando llegué al centro comercial, ya habían pasado 30 minutos y él no estaba nada contento. Lo primero que hizo al verme fue decirme lo impuntual que había sido y lo irrespetuosa que había sido con él y con nuestro pastor. Todo esto, frente a él. Como puedes imaginarte, ¡me puse muy contenta! Piensa la vergüenza, la humillación y lo incomprendida que me sentí. Pero yo tomé el control. Me dije a mí misma: «¡Voy a guardar la compostura! No le diré nada hasta que entremos al auto. Porque cuando estamos enojados, creemos que lo que estamos haciendo es correcto y que nos estamos portando espiritualmente». Así que al entrar al vehículo, le dije de una manera muy controlada —por lo menos, era lo que yo pensaba, pues aun creía que estaba siendo muy espiritual al respecto—: «Acabas de quitarme la bendición. ¡Venía tan contenta con lo que Dios había hecho con los hermanos…! Y tú acabas de arruinarlo todo». Nuestro pastor estaba en el asiento de atrás. En ese momento, sentí cómo su mano se ponía sobre mi hombro. Di gracias a Dios porque él no podía ver mi rostro, pues estaba diciendo: «¡Ni se le ocurra decirme algo ahorita, pues no le estoy preguntando!». Es como cuando cada músculo de tu cuerpo habla por ti o a la par tuya. Entonces, él dijo lo siguiente: «Cris, nadie puede robarte tu bendición». A lo que pensé: «¡Hombre tenía que ser! Era obvio que iba a tomar su lado».

El resto de la noche no fue muy agradable para mí, pero al llegar a casa corrí a los pies del Señor a darle mi queja. Mi sorpresa fue que Él estaba de acuerdo con mi pastor. Esa noche aprendí que nadie puede quitarme mi bendición, pues yo tengo la decisión de cómo manejar las circunstancias negativas: puedo optar por enojarme y entregar voluntariamente mi bendición o por perdonar la falta y continuar con la alegría en mi corazón y no dejar que el rencor se robe ni un segundo de mi vida. Desde ese día, sé que soy totalmente responsable de lo que hago con las circunstancias que me rodean. Ya no culpo a otros por mis reacciones, sino que sé que cada acto se debe a mi decisión y está ligado a lo que guardo en mi corazón. He aprendido a trabajar sobre el hecho de no reaccionar. Más bien, trato de accionar en la Palabra de Dios, no negando mis emociones, sino confrontándolas con ella, para ordenarlas y alinearlas conforme a la voluntad de Dios, la cual es, buena, agradable y perfecta.

Sabes, luego de esa plática con Dios, pude ver mis faltas con claridad, pues ya no podía esconderlas en las de los demás. Fue fácil percatarme, entonces, de que ni siquiera había pedido disculpas por llegar tarde y haberlos hecho esperar 30 minutos. Y pude reconocer que, cuando estás esperando, cada minuto parece una eternidad. A la vez, ser impuntual no es correcto, aun cuando tú crees sentirte justificado por las circunstancias. He aprendido que lo bueno que tú hagas ni lo malo que otros hagan disculpa tus propias faltas. Somos responsables por nuestras reacciones y acciones.

MADURAR ESPIRITUALMENTE

El mantener una relación constante con Dios me ha permitido crecer y cambiar. Él siempre podrá ayudarte a equilibrar tus emociones

131

correctamente y a aclarar tu perspectiva, dándote una visión completa de las cosas. Y causará, inevitablemente, cambios positivos en ti, como mayor madurez espiritual y emocional. Caminar con Él es hacerlo parte de tu vida, siendo tú mismo, hablándole con honestidad hasta de tus más oscuros o errados sentimientos. En Él encontrarás luz, sanidad, libertad. Nunca se sorprenderá de lo que tengas que decir, pues Él ya conoce de todas formas todo lo que está dentro de ti.

No importa lo espiritual que tú eres, ya que muchas veces el haber alcanzado cierto nivel te hace creer que no tienes derecho a correr a los pies del Señor y piensas que, si verdaderamente eres espiritual, deberías resolver las cosas solo. O tienes miedo de lo que Dios pueda pensar de ti, ya que se supone que si eres espiritual, no deberías estar pasando por ahí. Primero, aun cuando tú lo seas, no eres perfecto, y Dios lo sabe. Él conoce las cosas que ni aun tú sabes que deben cambiar en ti. Para Él nada es nuevo; más bien, ha estado trabajando para que tú te vuelvas consciente de esas áreas y, así, vayas a Él para que te ayude y te libere.

Si buscas a Dios, nunca te rechazará. En Lucas 11:9, dice: «Y yo os digo: Pedid y se os dará; buscad, y hallaréis; llamad, y se os abrirá». Entonces, nunca temas pedir su ayuda, buscarlo y llamar a su puerta, pues Él siempre está deseando que lo hagas. A Dios no lo puedes impresionar, pero tampoco necesitas hacerlo, ya que Él te ama igual. Ve tu condición como la oportunidad de derramar su amor y su poder libertador.

En medio de tu modificación, hay probabilidades de cometer errores. Esto no significa que no hayas cambiado o que Dios no haya sanado tus heridas. Tú puedes medir tu cambio al ver cuánto tiempo has pasado sin comportarte de cierta manera, comparándolo con la frecuencia con que antes lo hacías. No, para disculpar tus faltas, sino para que tengas la perspectiva correcta. El pensar que no cambias, en vez de contribuir a que lo hagas, puede frustrarte, causándote desánimo, a tal grado que te hace desistir del proceso. Al ver todo objetivamente, podrás notar el cambio que has tenido y concentrarte en identificar qué fue lo que te hizo volver a equivocarte en esa área, y, así corregirte y continuar hacia delante.

Generalmente, en esta época, las personas que te rodean están observándote y, si en ellas hay heridas —algunas de las cuales posiblemente fueron hechas por ti cuando estabas a la defensiva—, tendrán la tendencia a dudar en tu cambio y estarán esperando que te equivoques para saltar y decir: «¡Te das cuenta de que no has cambiado! ¡Sigues siendo el mismo de siempre!». Pero si estás consciente de tu cambio, no dejarás que ese tipo de comentario te manipule. Frases como esas son las que te hacen renunciar, creyendo que de nada sirve lo que haces, pues no logras cambiar.

Tienes que mantenerte alerta a tu realidad. Un error o dos no definen si estás cambiando o no. Ten cuidado en creer este tipo de comentarios y permanece cerca de Dios, pues Él siempre te mantendrá equilibrado. Mientras esa persona no sane su corazón, seguirá con la idea de que cambio es igual a perfección. Es importante que tú sepas la forma en que un corazón dañado mide el cambio, para que no te dejes presionar por esta demanda y para que seas paciente al esperar, como Dios lo es con nosotros. Esto te ayudará a tener una perspectiva saludable de ti mismo. El que tiene la mejor perspectiva de tu condición es Dios, pues es quien examina tu corazón y conoce sus intencione. Él no justificará las faltas, pero tampoco te llevará a autocondenarte. Podrás avanzar en el cambio y aprender de todos los procesos de la vida.

Cada uno de estos principios es aplicable en cualquier relación que tengamos: de familia, de amistad, de hermandad, de trabajo, con los compañeros y con los jefes.

Capítulo Seis

CAMINA EN LA LIBERTAD
QUE DIOS TE DA

El perdón es, ciertamente, un arma espiritual que nos ayuda a permanecer en libertad. Mas Dios, en su Palabra, nos ha dado muchas más. Una gran cantidad de ellas se relaciona con renovar nuestro entendimiento y conocer quiénes somos en Cristo Jesús. En este capítulo, vamos a ver ambos aspectos para poder, no solo permanecer en libertad, sino disfrutarla.

He conocido muchos cristianos, en cuyas vidas el evangelio se ha vuelto una carga: se ven demasiado débiles como para comprometerse, o no creen que pueden ser usados por Dios.

Déjame hablarte de estas áreas y, también, de otras, para que puedas gozar la plenitud de la vida en Cristo Jesús.

DILE ADIÓS AL PASADO

RENOVAR NUESTRO ENTENDIMIENTO

Veamos algunas de las cosas que pensamos y que no nos permiten gozar la libertad en Cristo Jesús:

1. Siento la imposición de cumplir la Palabra, por lo que cada principio se vuelve una carga pesada sobre mí.

2. No puedo comprometerme, pues soy demasiado débil.

3. Cierta vida espiritual solo es para los que están en algún liderazgo.

Estos suelen ser los pensamientos más comunes entre las personas que tratan de seguir a Cristo. Ahora, analicemos cada uno, conforme a la luz de la Palabra de Dios.

1. *Siento la imposición de cumplir la Palabra, por lo que cada principio se vuelve una carga sobre mí.*

Este pensamiento se debe a que pretendemos relacionarnos con Dios de la misma manera que lo hacemos con los hombres, usando ciertos valores y principios de este mundo, como el de «si quieres algo, debes de ganártelo», que ha regido nuestras vidas por años. Por lo tanto, si no nos esforzamos para conseguir algo, deducimos que no lo merecemos. Sin darnos cuenta, aplicamos esto a nuestra relación con Dios, y la mente convierte sus principios, automáticamente, en una imposición que debemos cumplir para poder mantener dicha relación. Así, usamos las propias fuerzas para sentirnos merecedores de su gracia y de su misericordia. A pesar de que sabemos

136

claramente que es gratuita, la forma en la que nos relacionamos con los demás, en nuestra vida diaria, con el principio «Debes ganártelo todo», pareciera opacar en nuestras mentes el concepto de la perfecta gracia de Dios. Esto hace dos cosas en nuestro caminar como cristianos:

a. *Nos distorsiona la verdadera imagen de Dios,* ya que reducimos a Dios a la imagen de un hombre corruptible, que se conduce con imperfección. A medida que avanzamos aplicando este principio humano en nuestra relación con Él, básicamente, nos convencemos de que es lo que Dios demanda de nosotros, y seguimos viviendo con la constante imposición de sus principios. Esto nos hace verlo como alguien exigente y severo, que no disculpará nuestro menor error o que solo lo hará, si trabajamos más arduamente, y que nos mantiene a cierta distancia, convencidos de que así se aliviará un poco el compromiso hacia Él. Sin una imagen correcta de Dios, no podremos relacionarnos adecuadamente con Él ni recibir todo lo que tiene preparado para nosotros. Este pensamiento equivocado, si cometes algún error —más aún, si lo haces repetidamente— desata una vergüenza que te impide buscar a Dios, pues te hace creer que es correcto sentirte avergonzado por tu falta, y esto añade más daño a tu vida porque te aleja de Dios. Es lo mismo que les sucedió a Adán y a Eva, en el jardín del Edén, cuando pecaron: se escondieron de Dios. No querían estar ante Él, pues tenían vergüenza. De una forma superficial, creerás que ese comportamiento es natural, después de haber fallado. Sin embargo, si te detienes a profundizar en las consecuencias de la vergüenza, descubrirás que es grave, pues te aleja de Dios y, por lo tanto, de la única fuente que podrá darte libertad de aquello que ata tu vida. Recuerda que, separados de Él, nada podemos hacer. Eso significa que para permanecer en libertad debemos pelear la buena batalla, y que solo Él podrá darnos las fuerzas y las armas que necesitamos para ganar. Este es uno de los efectos destructivos que produce este tipo de pensamiento.

b. *El segundo efecto es que este principio humano nos impone una carga muy difícil de llevar*, pues nos hace utilizar nuestras propias fuerzas para cumplir los establecidos por Dios. Esto produce en la persona un sentido de justicia, como si, al cumplir con cada uno, se volviera digna de merecer su gracia, perdón, misericordia y amor. Esta actitud anula la Palabra de Dios, pues no hay nada en este mundo que podamos hacer para merecer su gracia. Él decidió hacernos dignos, a través de su hijo Jesucristo. Al anularla caminaremos en orgullo espiritual, sin darnos cuenta. Engañándonos así mismos, pues cuando las cosas nos salgan bien creeremos que estamos cerca de Él.

Si nos guiamos por este principio equivocado, también lograremos un agotamiento físico, emocional, y espiritual, pues estamos relacionándonos con Dios por obligación y no por amor ni agradecimiento. Cuando te sientes obligado a hacer algo por amor, lo disfrutas. Pero cuando es por fuerza, te produce enojo, frustración, desánimo, cansancio y el deseo de estar haciendo lo opuesto. Esto último es, justo, lo que el enemigo quiere causar en los hijos de Dios, un deseo de hacer lo opuesto a su voluntad, al creer que caminar con Dios es demasiado difícil de lograr. Usará el enojo, la frustración, el cansancio para convencerte de que desistas de seguir intentando y, mejor, vuelvas a la vida de antes. Lo que al principio pareció ser un simple comentario o una manera de ver los principios establecidos por Dios se convierte en un pensamiento que pone en peligro nuestra libertad, pues no nos permite caminar en ella. Dios no sigue conceptos humanos. Recuerda siempre que sus pensamientos son más altos que los nuestros. No dejes que la forma de actuar de los hombres se interponga en la forma de interpretar los caminos del Señor.

Él desea tener una relación con nosotros basada en amor y no en obligación. Juan 3:16 dice: «Porque de tal manera amó Dios al mundo, que ha dado a su Hijo unigénito, para que todo aquel que en él cree, no se pierda, mas tenga vida eterna». Este versículo deja bien claro que la relación de Dios está basada en el profundo amor que tiene por la humanidad y en el deseo de darnos salvación. Por lo tanto, quiere que la única motivación que nos una a Él sea el amor. No nos obliga a seguirlo, sino que nos da la libertad de creer en Él para ser partícipes de la salvación eterna y de sus promesas. Dios nos escogió como su pueblo, pero seguirlo o no es decisión nuestra.

NUESTRO LIBRE ALBEDRÍO

¿Acaso no fue Dios quien decidió darnos libre albedrío? Es la capacidad de decir lo que queremos, siendo responsables de las

consecuencias de nuestras decisiones. Entonces, si somos cuidado-
sos al estudiar su Palabra, veremos con claridad que no estamos
obligados a cumplirla, sino que es Dios quien nos invita a tomar
nuestra decisión, basándonos en su amor. Después, el primer
mandamiento para seguir a Dios es: «Amarás al Señor tu Dios con
todo tu corazón, y con toda tu alma, y con toda tu mente» (Mateo
22:37). Una vez lo recibes a Él como tu Señor y Salvador, debes
aprender a amarlo de esta manera, pues es el amor lo que hará la
diferencia al caminar junto a Él.

Esto lo podemos ejemplificar con la decisión que tomas, al con-
traer matrimonio, de vivir junto a alguien toda la vida, por amor.
Por supuesto que existen ciertas reglas para permanecer unidos y no
dañar tu relación. Pero ellas no son una imposición. Más bien, son
lógicas, pues contribuyen a mantener la estabilidad y son de bendición. Por esto mismo, aun cuando en algún momento parezcan
difíciles, no constituyen una carga para tu vida, pues las sigues por
amor (no solo para ganarte el de tu cónyuge, pues él ya te amaba
antes del compromiso, sino porque amas tanto que no quieres que
nada se interponga entre tú y esa persona).

Esto nos lleva a las palabras que Jesús dijo, en Mateo 11:29,30:
«Llevad mi yugo sobre vosotros, y aprended de mí, que soy manso
y humilde de corazón; y hallaréis descanso para vuestras almas; porque mi yugo es fácil y ligera mi carga».

Cuando Jesús dice «mi yugo es fácil y ligera mi carga», se está
refiriendo a caminar unido a Él, bajo los mandamientos y principios dados en su Palabra, que no son pesados, ni una carga dura de
sobrellevar. Él no vino a hacernos la vida más difícil, sino a darnos
libertad.

Juan 8:31,32 nos lo dice: «Dijo entonces Jesús a los judíos que
habían creído en él: Si vosotros permaneciereis en mi palabra, seréis

verdaderamente mis discípulos; y conoceréis la verdad y la verdad os hará libres». Está diciendo que si ellos decidían permanecer en su Palabra, se estaban uniendo a Él. Es decir que ellos elegían, y no se les imponía llevar el yugo. Ahora bien, esta decisión los hacía verdaderamente discípulos, pues significaba ser guiados por Jesús. La carga que Él les ponía es su Palabra. En ella está la verdad, y esa verdad nos liberta.

Pero, generalmente, las personas tienden a creer lo contrario, pues dejan que el principio humano de «debes ganártelo todo» sea la plataforma para interpretar la Palabra. Así, la interpretación se distorsiona.

Pero muchos podrán pensar —aun viéndolo claramente, y entendiendo que es por amor y no por nuestras propias fuerzas—, que los principios siguen pareciendo difíciles de cumplir. Bueno, el cuestionarnos no es malo. Más bien, al hacerlo, veremos que toda pregunta tiene una repuesta. Si los principios de Dios siguen pareciendo difíciles, debemos buscar en su Palabra, donde encontraremos la verdad que nos hará libres de cualquier duda o confusión.

HALLAR LA RESPUESTA

Para encontrar una respuesta, podemos partir de la verdad absoluta de que Dios no miente. Entonces, debe haber algo que no estamos entendiendo o que estamos perdiendo de vista, y, como consecuencia, seguimos viendo dificultad en vivir de acuerdo con sus principios. Cuando buscas en la Palabra, siempre encuentras la respuesta (Lucas 11:9). A veces, está en el mismo versículo, como en este caso. Si leemos cuidadosamente, descubrimos la verdad. La respuesta a esa pregunta está en Mateo 11:29. Ahí, Jesús nos muestra la clave de lo que nos ayuda a que su yugo sea fácil, cuando dice: «Aprended de mí, que soy manso y humilde de corazón».

La palabra «aprender» implica tiempo y estudio. Jesús nos está diciendo que si tomamos tiempo para estudiarlo a Él, descubriremos sus cualidades, que nos ayudarán a ver que sus caminos, principios y mandamientos son fáciles y ligeros. Jesús nos dijo que si nos volvemos mansos, es decir «dóciles, apacibles», veremos que el yugo no es duro sobre nosotros. Que su fin no es producirnos molestias ni dificultades, sino, más bien, facilitarnos el camino y evitar que nos desviemos y acarreemos males a nuestra vida. Al tener un corazón humilde y sencillo, aceptaremos sus consejos, y estos serán luz a nuestros pies y evitarán que tropecemos innecesariamente. Al no resistirnos a obedecer, no percibiremos el yugo, sino solamente la libertad que su Palabra nos da. Entonces, caminar junto a Dios y aplicar sus principios a nuestra vida se vuelve fácil y ligero, y no nos causará mayor esfuerzo, dolor e incomodidad.

Si usamos como ejemplo el yugo que llevan los bueyes, podemos observar que si el animal no se resiste y es manso, aquel no se vuelve difícil sobre él, ya que tiene la fuerza para llevarlo. Pero si, en cambio, se resistiera, jalándose de un lado a otro, ese mismo yugo que está ahí para guiarlo se vuelve una carga, una molestia, algo difícil de llevar, aun hasta causar dolor.

No es el yugo lo difícil o el causante del dolor, sino la actitud de tu corazón la que lo puede hacer difícil o fácil de llevar. Es la mansedumbre y la humildad de reconocer que necesitas la guía de Dios en tu vida la que hará la diferencia.

También, el yugo pone en uso todo el potencial del buey que por sí mismo no puede descubrir ni usar. La carga que lleva en la carreta que sostiene el yugo le da mayor propósito a su vida. Es decir que el buey, por sí mismo, no puede lograr todo lo que hace a través del yugo.

De la misma manera, funciona sobre nosotros: si somos mansos y humildes de corazón, el yugo no nos molestará, sino que nos llevará a descubrir todo el potencial que Dios puso dentro de cada uno de nosotros, lo cual no podemos hacer solos.

¿Por qué puedes usar todo tu potencial si te unes al yugo de Dios? Así como un buey por sí solo es capaz de jalar unas 500 libras de peso, cuando este se une con el yugo a otro buey, la fuerza de ambos podrán jalar mucho más del doble de peso, unas 1,500 libras. Esto se llama «sinergia». Juntos son capaces de hacer mucho más que trabajando por separado.

Todos tenemos un potencial dado por Dios, al unirnos a Cristo por el yugo, logramos maximizar ese potencial espiritual de nuestro interior. No podremos hacerlo por nosotros mismos, pero unidos a Él, no hay límites para lo que podemos lograr. Solo piensa en el desperdicio que es caminar sin Él.

Si te quedó duda cuando dije que el buey tenía fuerzas para llevar el yugo, y te preguntaste: ¿pero no acaba ella de mencionar que no hagamos nada en nuestras propias fuerzas?, Dios tiene la respuesta. En el caso del buey, es un yugo físico, y él tiene la fuerzas físicas para llevarlo; en el nuestro, es un yugo espiritual y solo puede llevarse espiritualmente. Por lo tanto, la fuerza que usaremos es la fuerza espiritual que Dios nos da. En 2 Timoteo 1:7 Dios nos dice, a través del apóstol Pablo, que Él nos ha dado espíritu de poder, en el cual está la fuerza espiritual que tú y yo necesitamos para vivir junto a Él y su Palabra.

Ya aprendimos, y escrito está, que «apartados de Dios nada podéis hacer». Mas, unidos a Él como si llevásemos un yugo sobre nosotros, podremos lograrlo todo. Esto tampoco se debe a que seamos faltos de capacidad o de inteligencia. Más bien, es por la razón que está escrita en Proverbios 14:12: «Hay camino que al hombre le parece derecho; pero su fin es camino de muerte». Aquí es importante que recordemos que nuestro corazón es engañoso y perverso más que todas las cosas, por eso no siempre lo que parece recto delante de nuestros ojos lo será, en verdad. Esta es otra razón que hace que el yugo sea de bendición para nuestras vidas y cumpla su función de hacer nuestro camino más fácil y ligero, evitando que tomemos rumbos que terminarán en dolor, fracaso, insatisfacción o pérdida.

SEMÁFORO ROJO

También, podríamos ejemplificarlo con el sistema de señales de tránsito. No creo que exista un ser humano que al ver una señal de alto, diga: «¡Qué ridículos, no entiendo por qué tienen que poner una señal de alto!, ¿acaso no saben que eso me hace detenerme y perder tiempo? ¿Quién habrá sido el tonto que inventó las señales de alto?». Tampoco creo que alguien se moleste al ver un semáforo en rojo o una señal que advierta que tengan cuidado con el ganado o los venados (dependiendo donde viva) o con vehículos pesados. O que alguien se enoje al ver las señales que advierten de una curva peligrosa, cerrada o abierta.

Lo cierto es que damos gracias por las señales de tránsito, ya que estas no solo ordenan el tráfico de una ciudad, sino que también nos previenen, con el propósito de evitar accidentes automovilísticos. Cuando las obedecemos, nos vemos beneficiados. De no hacerlo, podríamos perder nuestras vidas o las de aquellos a quienes amamos. No vemos estas señales de tránsito como una prohibición, sino más bien como una ayuda, como un beneficio. Si tuviéramos el honor de haber conocido en persona a su inventor, lo aplaudiríamos y felicitaríamos por su valiosa obra.

Si bien el gobierno toma ciertas medidas para fortalecer estas leyes de tránsito (como multas por violarlas, penalizaciones legales etc.), para disminuir las probabilidades de accidentes automovilísticos y tener la mayor seguridad posible, es nuestra la decisión de seguirlas. Igualmente, ellas constituyen un beneficio para el conductor, pues hacen que se vuelva más responsable al manejar y, por lo tanto, tenga menos riesgos de sufrir daños o de causarlos.

Lo mismo, pero con mayor alcance, es la Palabra de Dios para nuestras vidas. Son señales de tránsito que nos ayudarán a tener éxito y una vida plena. Es la luz en nuestro caminar, que evitará que caigamos en las trampas del enemigo y nos preservará de nuestro propio corazón que suele engañarnos, sin que nos demos cuenta.

Salmo 119:105 nos dice: «Lámpara es a mis pies tu palabra, y lumbrera a mi camino». La Palabra de Dios es una lámpara, una luz en tu vida. No, un montón de prohibiciones como muchos tienden a creer, sino muchas señales de tránsito que nos guiarán en todas las circunstancias de la vida.

Cuando, por decisión propia, decidimos no tomar en cuenta una de ellas o un principio bíblico, las consecuencias serán duras y difíciles. Pero con Dios, aun ellas podrán volverse de bendición para tu vida (Romanos 8:28). A la vez, el solo hecho de darte cuenta de que tomaste un camino fuera de la voluntad de Dios o de sus señales de tránsito fortalecerá la veracidad de la Palabra, volviéndote más alerta a obedecerla, llevándote a ser manso y humilde de corazón para obedecer a Dios.

El sistema de tránsito es lógico y claro para nuestra mente. Pero, a veces, la Palabra de Dios no parece serlo, por lo que Jesús nos dijo:

«aprended de mí». Si eres manso y humilde, podrás usar la lámpara de Dios, y no se volverá difícil ni pesada sobre ti. Pues aun sin la lógica que tu mente necesita, podrás obedecer los principios establecidos en su Palabra. Recuerda que, sin fe, es imposible agradar a Dios (Hebreos 11:6). Muchas veces, ella es la que te permitirá ir en contra de tu lógica, una fe basada en un Dios que te ama profundamente y que tiene el poder para hacerlo todo, pues nada es imposible para Él (Lucas 1:37).

Entonces, podrás aplaudir, celebrar y dar gracias a ese Dios tan lleno de amor, que buscó la forma de guiarte y de cuidarte hasta que llegaras a la meta. En vez de ver su Palabra como algo difícil y gravoso, estarás agradecido y ella se volverá deseable a tu corazón, trayéndote vida y bendición. En el libro de Juan 8:51, afirma esto cuando dice: «De cierto, de cierto os digo, que el que guarda mi palabra, nunca verá muerte». La Palabra de Dios guardará tu vida para siempre. Así, te sentirás libre de todo lo que el enemigo usa para interponerse en las promesas de Dios para tu vida, y, a la vez, no caminarás junto a Dios por obligación, sino por amor. Esto producirá en ti la alegría y el gozo de vivir en libertad y en una relación llena de amor. La carga y la dificultad no marcarán más tu caminar con Dios. Todo lo harás por amor a Él, con gratitud por lo que Él ha hecho por ti. Cada vez que obedeces un principio divino, no solo estás viviendo en bendición, sino que también estás adorando a Dios con tu amor. Sí, nuestra obediencia a Él es la forma en que le comunicamos nuestro amor, nuestra adoración y la decisión de ser sus discípulos. Por eso es importante que aprendas a amar a Dios con toda tu alma, con toda tu mente y con todas tus fuerzas. Así podrás seguirlo con la motivación correcta, permanecer junto a Él y gozar de la libertad que Jesús vino a darte.

2. *No puedo comprometerme, pues soy demasiado débil.*

Por alguna razón, los hombres han ligado la debilidad con la incapacidad de seguir a Dios (como si Él no supiera de antemano que los seres humanos son débiles; o como si solo un grupo de ellos lo fueran, deduciendo que si tú perteneces a ese grupo, no puedes seguir a Dios). Mira lo que dice 1 Corintios 1:28: «Y lo vil del mundo y lo menospreciado escogió Dios». Él no buscó lo fuerte; más bien, vino a causa de nuestras debilidades, es decir que los débiles somos los mejores candidatos para seguir a Dios. Por lo tanto, aquellas ya no podrán ser una excusa para no hacerlo.

Además de eso, la realidad es que todos tenemos debilidades y fortalezas en algunas áreas de nuestra vida. Y Dios no lo ignora y tiene la respuesta a nuestra debilidad, por eso necesitamos de Él.

En un momento de su vida, Pablo pide ayuda a Dios, con respecto a un «aguijón», como él mismo lo llamó. Esta debilidad, según él, era como ser abofeteado por el enemigo. La respuesta de Dios la encontramos en 2 Corintios 12:9: «Y me ha dicho: Bástate en mi gracia; porque mi poder se perfecciona en la debilidad. Por tanto, de buena gana me gloriaré más bien en mis debilidades, para que repose sobre mí el poder de Cristo».

Dios, básicamente, le estaba diciendo: «Pablo, no te enfoques solo en tu debilidad, pues mi poder se perfecciona en ella». Él lo entendió claramente, declarando que cuando era débil, Dios era fuerte y, por ende, en cada debilidad, el poder de Dios se derrama, dándonos fuerza y capacidad para toda buena obra.

La debilidad no es una excusa para apartarnos de Dios, más bien, la oportunidad de ser fuertes a través de su poder. El ser humano nunca deja de ser débil, pues como lo dijo Jesús a sus discípulos cuando estaba a punto de ser arrestado, en Marcos 14:38: «Velad y orad, para que no entréis en tentación; el espíritu a la verdad está dispuesto, *pero la carne es débil*». La carne siempre será débil y podrá ser tentada. Pero si nos tomamos del poder de Dios, encontraremos un espíritu dispuesto dentro de nosotros que se fortalecerá con él y nos dará la victoria.

La Biblia está llena de historias de hombres y de mujeres comunes y corrientes que hicieron grandes proezas, a pesar de sus debilidades, pues no se enfocaron en estas, sino en el poder que estaba detrás del Dios de Israel. Déjame darte unos ejemplos.

EL REY DAVID

Hubo momentos en que el mismo rey David vio y confesó su debilidad (2 Samuel 3:39), pero eso no le impidió a Dios ungirlo como rey de su pueblo, como tampoco a David tomar su puesto y compromiso como rey. De haber basado su vida en sus debilidades, nunca hubiera logrado todas las conquistas y victorias a las que guió a su pueblo. El rey David hizo grandísimas proezas, a pesar de las debilidades que había en él.

Entre los quince y dieciséis años, siendo todavía un adolescente, David entra al campamento donde estaba el ejército de Israel, en batalla contra los filisteos, que tenían, como parte de sus fuerzas, un gigante que amedrentaba a los israelitas (1 Samuel 17).

Pero, mientras todo el ejército de Israel estaba atemorizado (v. 11) al ver al gigante Goliat retarlos y amenazarlos, este jovencito ungido por Dios —que era más débil, físicamente, que todos los demás— no dejó que sus limitaciones gobernaran su vida, pues conocía personalmente al gigante de gigantes, al Dios Todopoderoso, quien podía darle la victoria. Entonces, dejando que el poder de Dios se perfeccionara en su debilidad y reposara sobre él, David salió a batallar contra Goliat, en el nombre del Señor. Mientras todo el ejército seguía paralizado por el miedo, David había descubierto la fuente de su fuerza. Su debilidad no se convirtió en estorbo, sino en la forma de glorificar a Dios. David presentó al rey Saúl la victoria que Dios había entregado en sus manos. Lo interesante es que el Dios de David era el mismo que habitaba con el pueblo de Israel. Pero el ejército israelita lo único que vio fue su propia debilidad y, por consiguiente, la derrota. En cambio, David sabía que donde él era débil, su Dios era fuerte. Ese mismo Dios es el que habita hoy en tu corazón y en Él, todos somos fuertes. Lo único que cuenta es que reconozcas quién es tu Dios y que, en medio de tus debilidades, Él se glorificará, haciéndote más que vencedor en Cristo Jesús (Filipenses 4:13).

Este es el tiempo para que seas libre por la Palabra de Dios y ya no veas tus debilidades como los gigantes que gobiernan tu vida, sino más bien, conozcas más profundamente al gigante de gigantes, el Rey de reyes, Jehová de los ejércitos. Tú puedes ser testigo fiel de su poder, cuando lo veas hacerte fuerte, en medio de tu debilidad.

ESTER

Quizás, si hubiésemos conocido a Ester en su condición de huérfana y desterrada, nuestras predicciones sobre su futuro no hubieran sido tan favorables por sus limitaciones. ¿Qué tanto puede lograr una niña huérfana, que ni siquiera está en su tierra natal? Había sido criada por su primo Mardoqueo, quien la había adoptado como hija y le había enseñado que no hay debilidad en la que Dios no pueda glorificarse. Cuando le llegó el tiempo de asumir retos, que parecían imposibles de alcanzar, Ester no vio sus debilidades como pretexto para no continuar, pues su caminar mostró en quién había confiado. Ella fue testigo de cómo la gracia de Dios obró sobre su vida y, después de un año, tomó la posición más alta que una mujer podía tener en el reinado del rey Asuero: se convirtió en su esposa. Esto la llevó a tener en sus manos la responsabilidad de preservar la vida de todo el pueblo judío, pues durante este tiempo, un hombre llamado Aman procuró destruirlo.

Aun como reina, no tenía acceso al rey, a menos que fuera llamada a su presencia. Cualquiera que se presentara delante de él, sin ser invitado, podía morir, si él lo decretaba (Ester 4:11). Esto le dio miedo a Ester. Se sintió débil ante tal situación, pues era el reto más grande al que ella se estaba enfrentando. Es importante mencionar, en este momento, que los seres humanos siempre somos débiles. Es decir, que nuestra debilidad permanecerá con nosotros mientras vivamos. Debido a esto, el enfoque no es solo ver cuán débiles somos, sino también cómo aprender a manejar esto. Pues, aunque la debilidad nos acompañe durante toda la vida, no estamos sujetos a ella, si nos tomamos del poder de Dios. Digámoslo de esta manera: el no tener miedo no es lo que te llevará al éxito, sino el vencerlo. En esta ocasión en particular, Ester tenía que estar dispuesta a perder la vida, con tal de salvar a su pueblo. Así que, reconociendo su miedo, decide acudir a aquel que perfecciona su poder en la debilidad, para tomar fuerzas de Dios y hacer su voluntad (Ester 4:16).

Después de haber ayunado y buscado a Dios para recibir las fuerzas, la reina Ester asume el reto y se presenta delante del rey para abogar por su pueblo, poniendo su vida en sus manos. En efecto, en Dios, los miedos se desvanecen, y la debilidad se fortalece en su poder. Esta decisión trajo como consecuencia victoria sobre su pueblo, preservando así el linaje de donde descendería el Mesías.

No hay debilidad que Dios no pueda transformar en fuerza, si permanecemos junto a Él. Entonces, seremos fuertes, sin dejar de ser débiles. Esto suena contradictorio, y nuestra lógica no logra entenderlo, pero escrito está en su Palabra: «Diga el débil: Fuerte soy» (Joel 3:10b). En Dios hacemos la diferencia.

ELÍAS

La Biblia dice, en Santiago 5:17ª, que Elías fue un hombre sujeto a pasiones semejantes a las nuestras. El conocer esto nos ayuda en gran manera, pues aun cuando sabemos que los siervos que Dios usó fueron débiles, de algún modo, pensamos que no tanto como nosotros y, mucho menos, que estaban ligados a pasiones como las nuestras. Pero así era Elías. Lo impresionante de este hombre es que, a pesar de sus debilidades, tuvo una vida excepcional. No era perfecta. Pero sí una vida en la que sus debilidades no lo detuvieron en su andar con Dios ni lo convirtieron en esclavo de sus pasiones. Elías fue usado por Dios para hacer sorprendentes proezas. Como profeta, predijo una sequía. Resucitó al hijo de la viuda de Sarepta. ¡Te imaginas lo increíble que es orar por un muerto y verlo resucitar por el poder de Dios! Destruyó bajo su mano a cuatrocientos profetas de Baal, y la mano de Dios estuvo con él (1 Reyes 17, 1 Reyes 18:19-40). Además, hizo descender fuego del cielo (2 Reyes 1:10). Verdaderamente, la vida de Elías fue sorprendente hasta el último día, ya que no conoció la muerte, pues fue arrebatado en un carro de fuego, siendo testigo su siervo Eliseo (2 Reyes 2:11,12).

Ahora, él pudo haber decidido no comprometerse con Dios (después de todo, solo era un hombre sujeto a pasiones como nosotros), pero no se conformó ni se dejó limitar por su debilidad y tuvo una vida llena de la presencia de Dios y de su poder. Que esto te inspire y te motive a tomarte de la mano de Dios, y no permitir que tus debilidades te limiten y te aparten de las riquezas que hay escondidas en Cristo Jesús y de las obras que tiene preparadas para ti (Efesios 2:10).

La lista podría continuar, pero lo importante es que podamos comprender que nuestras debilidades no son un obstáculo para caminar junto a Dios. Más bien, son las oportunidades de ver su poder actuando sobre cada uno de nosotros. ¡Cuán importante se vuelve el que renovemos nuestro entendimiento para que nada se interponga en nuestro camino y, sin darnos cuenta, nos privemos de tener una relación con Dios que cambiará nuestra vida para siempre! Así, descubriremos la vida abundante que Él tiene preparada para cada uno de nosotros. Esto no significa que no tendrás dificultades, sino que tu vida estará llena del poder de Dios que te ayudará a superarlas, haciéndote fuerte en tus debilidades.

Alguien podría decir: «Pero todas las personas que mencionó tenían la bendición de Dios». Si eso es lo que piensas, déjame decirte que tienes razón. Sin embargo, tú también tienes esa bendición. Efesios 1:3, dice: «Bendito sea el Dios y Padre de nuestro Señor Jesucristo, *que nos bendijo con toda bendición espiritual en los lugares celestiales en Cristo*». Tú estás incluido en esta bendición. No estamos hablando de cualquier bendición. Esta es la del Dios Todopoderoso y está sobre ti. No es una pequeña porción, una migaja, sino que la Palabra dice TODA la bendición espiritual. Es decir, que Dios no ha retenido su bendición. Más bien, te ha dado toda la que necesitas para tener una vida plena y libre. Creo que nuestra mente no logra medir toda la bendición con la cual ya hemos sido bendecidos.

Ahora, lo único que necesitas es caminar con Dios y creerle, y cada vez que estés delante de Él, toma tu bendición y abraza la herencia de Dios para tu vida. Debemos vivir en fe, creyendo con certeza las verdades de Dios, aferrándonos a ellas, siendo diligentes en nuestro caminar con Él, esforzándonos, a través de la renovación de nuestro entendimiento, para permanecer en la fe de nuestro Señor Jesucristo. Ella nos lleva a creer y a salir de nuestras limitaciones, a través del poder de Dios. Entonces no solo te comprometerás con Dios, sino que esto mismo te llevará a vivir una vida extraordinaria, una vida sobrenatural.

3. *Cierta vida espiritual solo es para los que están en algún liderazgo.*

He perdido la cuenta de las personas que me han dicho cosas como estas: «¡Es que a mí Dios no me habla! o: ¡A usted Dios la escucha más que a mí! o: «Solo los líderes pueden alcanzar esa madurez espiritual, los demás no creo que podamos llegar hasta ahí».

Primero, tenemos que recordar que Dios no hace acepción de personas (Romanos 2:11). El hecho de que haya diferentes llamamientos o de que tú no estés en algún liderazgo no te limita para que tengas una relación personal con Dios y puedas escuchar su voz. El crecimiento espiritual es para todos, no hay un grupo de personas escogidas para que solo ellas gocen de cierta madurez espiritual. Pablo mismo dijo que el propósito es que todos lleguemos a constituirnos en hombres y mujeres «a la medida de la estatura de la plenitud de Cristo» (Efesios 4:13b). Por lo tanto, una vida plena en el Espíritu no es solo para aquellos que pertenecen a un liderazgo, sino para todos los que anhelan crecer en el Señor.

Pero, por muchas razones, hay una gran cantidad de cristianos que piensan lo contrario. He conocido a muchas personas que, en un principio, creían que Dios no les iba a hablar a ellos, pues estaban seguros de que ese privilegio era otorgado solo a las personas que estaban en liderazgos visibles.

Una vez más, la forma en que el mundo otorga privilegios afecta el entendimiento de muchos, creyendo que en el reino de Dios las cosas funcionan de la misma manera, ya que en nuestra vida cotidiana, solo las personas que están en ciertas posiciones gozan de ciertos privilegios. Una vez más, caemos, inconscientemente, en el error de comparar las actitudes de Dios con la de los humanos imperfectos.

Pero Dios no ama a unos más que a otros, sino a todos por igual y desea comunicarse con todos los que lo buscan. A veces, tendemos a tener una imagen errónea de los líderes, como si fueran casi perfectos, y esa es la razón por la cual Dios mantiene tan estrecha relación con ellos. Pero déjeme decirle que todos los que están en algún liderazgo, visible o no, también tienen debilidades, temores, problemas, se equivocan, padecen de días tristes, se enojan, discuten; es decir que no son perfectos. Son personas que aman a Dios y desean adorarlo no solo con sus labios, sino con su vida, por lo que lo buscan constantemente para poner sus debilidades debajo de sus pies. No importa que su apariencia te diga que esa persona es perfecta; no lo es, tiene luchas, igual que tú. La diferencia está en que ha decidido tener una intimidad con Dios, y es así como somos más que vencedores en Cristo Jesús. Entonces, puedes caminar en sabiduría e integridad; aprendes a permanecer firme, a pesar de la dificultad; a buscar un cambio cuando te equivocas, y te vuelves un buen ejemplo para los demás.

Ahora, esta relación estrecha con Dios no la obtienes por tu buen comportamiento. Muchos creen que, debido a su condición, no pueden alcanzarla. Pero ella no nace de tu buena conducta, sino que tiene que ver con la búsqueda constante de Dios. Siempre lo encontrarás, pues es lo que está escrito en su Palabra, en Mateo 7:7-8: «Pedid, y se os dará; buscad, y hallaréis; llamad y se os abrirá. Porque todo aquel que pide, recibe; y el que busca, halla; y al que llama, se le abrirá». Este versículo deja claro que lo único que necesitas para establecer una relación estrecha con Dios es buscarla, tocar a la puerta; y tienes garantizado que la hallarás y que la puerta se te abrirá. El cambio es una consecuencia de buscar a Dios constantemente, pues al hacerlo tu comportamiento cambia para mejorar, ya que en Él encuentras la fuerza para vencer tu debilidad. Ahora todos tenemos acceso al trono de su gracia, por lo que una relación estrecha con Dios no se deriva de tu buen comportamiento, sino al revés. Tú eres el que decide buscar a Dios porque Él ya te está esperando.

Como Padre a hijo

Algo más que debemos considerar es que la relación que Dios tiene con nosotros es la de un padre con sus hijos. Todos los hijos que viven con sus padres se comunican con ellos a diario. Existen ciertas excepciones, como cuando el padre se enoja y decide no hablarles. Pero Dios no está enojado con sus hijos. Más bien, Él envió a su hijo Jesucristo para reconciliarse con los hombres (Romanos 5:19). A eso, añadámosle que es tardo para la ira y grande en misericordia, y que Jesucristo, nuestro sumo sacerdote, no se enoja de nuestras debilidades, sino que se compadece de ellas (Hebreos 4:15). Esto significa que extiende su mano para ayudarnos en nuestra debilidad.

Pero tampoco puedo pasar por alto el hecho de que muchos no han sido criados por sus padres o no tuvieron una figura masculina en el hogar; o bien, tuvieron un padre que dejó en ellos una mala imagen. Esto afecta directamente la relación con Dios y es lo que, a veces, no les permite iniciarla; pues se les hace difícil, al no haber tenido una relación saludable con su padre terrenal. Por ello, se vuelve necesario conocer a Dios para formarnos una imagen correcta de Él. Nos dice en su Palabra que los padres terrenales, siendo malos, desean darles buenas cosas a sus hijos y que, con más razón, Dios nuestro Padre desea derramar bendición sobre sus hijos (Mateo 7:11). Se refiere a que los seres humanos, debido a nuestra imperfección, cometemos errores que dañan a nuestros hijos; pero, a pesar de ellos, aun deseamos darles cosas buenas. En cambio, Él, siendo un Dios perfecto, sin pecado ni maldad, lo único que hará será bendecir nuestras vidas como Padre celestial, en lo cual podemos estar confiados. Es un Padre celestial que nunca te abandonará (Salmo 94:14) y que no tiene preferencias con sus hijos (Romanos 2:11).

COMUNICACIÓN DIRECTA

Dios desea, como un buen padre, comunicarse contigo. No hay razón que le impida hacerlo. En realidad, dejó instrucciones claras y específicas para que buscáramos oír su voz. Veamos lo que dice Juan 16:13: «Pero cuando venga el Espíritu de verdad, él os guiará a toda la verdad; porque no hablará por su propia cuenta, sino que hablará todo lo que oyere, y os hará saber las cosas que habrán de venir». Jesús estaba dejando instrucciones a sus discípulos, para después de su partida. Ellas decían que el Espíritu Santo sería la persona de la Trinidad que nos guiaría a toda la verdad. Es decir, que nos ayudará a entender la Palabra, revelándola a nuestras vidas. Además, Jesús dice: «No hablará por su propia cuenta», indicando con eso que el Espíritu Santo se comunicará con nosotros. Él es quien nos habla, haciéndonos saber lo que oye del Padre y del Hijo. Es el deseo de Dios comunicarse con sus hijos, y lo hace a través del Espíritu Santo que mora en nosotros. Esto es indispensable para guiarnos y enseñarnos su Palabra. También, usa a los predicadores, escritores, evangelistas, etc., para decir a la Iglesia lo que el Espíritu

Santo desea. Y, además, quiere hacerlo, de una forma personal, en tu vida. Constantemente, a través de su Palabra, nos invita a acercarnos a Él. Hebreos 4:16 dice: «Acerquémonos, pues, confiadamente al trono de la gracia, para alcanzar misericordia y hallar gracia para el oportuno socorro». Dios nos llama a buscarlo y nos da libertad para que en toda confianza entremos al trono de su gracia. El mismo Pablo oró por la iglesia de Éfeso, para que recibiera espíritu de sabiduría y revelación, y para que la luz divina alumbrara los ojos de su entendimiento y descubrieran la herencia de Dios para sus vidas (Efesios 2:15-18).

Dios desea hablarte a través de su Palabra, de una prédica, de un libro, y a través de tu relación personal con Él. Lo hará de diferentes formas. Quizá, a través de un sueño o interrumpiendo tu pensamiento con una voz silenciosa; o, posiblemente, lo haga con voz audible.

Es muy importante que aprendas a escuchar la voz de Dios en tu vida, pues nosotros sembramos y regamos la palabra, pero el crecimiento lo da Dios (1Corintios 3:6). Es decir, que todo lo que recibes en tu corazón crecerá a medida que Dios obre dentro de ti. La mejor forma para que Él haga que su Palabra se profundice en tu corazón, te sea revelada y cobre vida es que lo busques personalmente. Como Padre, desea relacionarse contigo; si lo buscas, lo hallarás.

Otros piensan que es orgulloso el que dice que Dios le habla, pues ven esto como algo pretencioso (hoy en día, generalmente, las personas no tienen relación con los presidentes ni con los reyes; ese es un privilegio solo para las personas que, según el concepto de los hombres, son importantes). Entonces, al saber que Dios es Todopoderoso, omnipotente, omnisciente, el único Dios verdadero y Rey del universo, consideran un poco jactancioso el que alguien pueda decir: «Dios habla conmigo».

Pero, para afirmarte una vez más, déjame recordarte que si ya recibiste a Cristo en tu corazón, entonces tú eres hijo de ese Rey de reyes y Señor de señores. Y, así como la relación de los reyes y de los presidentes con sus hijos es considerada normal, la que establece Dios con los suyos también lo es. No aumenta tu valor por sobre los demás, pues no es otra cosa que una relación entre Padre e hijo. Hablemos con Él o no, dio el mismo valor a toda la humanidad, al dar a su Hijo como sacrificio por amor a ella (es decir, que todos valemos la sangre de Cristo). Pero el hablar con tu Padre celestial hará la diferencia en tu vida para siempre. Entonces, cuando alguien comienza a hablar con Dios y a escuchar su voz, lo único que significa es que ha descubierto que su Padre celestial desea hablar con él.

Piénsalo de esta manera: nadie cataloga como orgullosa a una persona que está contando lo que su padre terrenal le dice. Es totalmente normal, así como, también, que tu Padre celestial hable contigo, pues tú eres su hijo (Juan 1:12). Entonces no te sorprendas por tener comunicación con Dios, más bien, hazlo por no haberla tenido antes, ya que siempre estuvo disponible para ti. Debemos ayudar a los que nos rodean para que, también, puedan gozar con libertad de su relación con Dios. Él tiene muchas cosas que revelarnos, para renovar nuestras vidas.

UNA NUEVA RELACIÓN

Hace once años, inicié una relación personal con Dios, y desde entonces mi vida nunca ha sido igual. Él anhela este tipo de relación con todos sus hijos.

He aprendido a conocer a Dios de maneras maravillosas. Él se ha convertido en mi mejor amigo y aliado. Literalmente, se ha convertido en la luz, la esperanza, la seguridad, el todo de mi vida.

A través de la relación personal con Dios, puedes descubrir su verdadero amor, lo cual te lleva a amarlo con intensidad, de un modo inalterable (Efesios 6:24), que se vuelve tu refugio y tu fuerza para una vida de éxito y de plena libertad.

Si es la primera vez que vas a iniciar una relación personal con Dios, más allá de asistir a la iglesia, podrían surgirte ciertas preguntas: «¿De qué manera voy a reconocer su voz?, ¿cómo sabré que es Dios quien me está hablando?, ¿qué pasa si lo busco y no logro escuchar su voz?» Para esta última, Él mismo nos da la respuesta en Gálatas 6:9: «No nos cansemos, pues, de hacer bien; porque a su tiempo segaremos, si no desmayamos». La clave es perseverar en la búsqueda de su presencia. Si lo haces, Dios se manifestará en tu vida.

Cuando comienzas a aprender de Dios, una de las cosas más importantes es saber que nunca te dirá algo que no concuerde con su Palabra, pues Él no se contradice. Siempre sus consejos te guiarán a aplicarla en tu vida. Aprenderás a distinguir todo lo que viene de Él, pues es el mismo ayer, hoy y siempre (Hebreos 13:8). Aun cuando nos sorprende, sus principios son inamovibles.

También es bueno contar con personas que han adquirido sabiduría en el Señor, como un consejero o tu pastor, alguien en quien puedas confiar. Así, si en alguna ocasión no te queda claro lo que Dios te quiso decir, tendrás la ayuda necesaria para encontrar la guía del Señor.

Quiero sugerirte que escudriñes la Palabra en su presencia. Pídele al Espíritu Santo que te guíe a toda verdad y verás cómo Dios revelará su Palabra a tu vida, aplicándola en áreas específicas que tú necesitas cambiar, y te mostrará las respuestas que estabas buscando.

Debemos apartarnos de los pensamientos que nos alejan de Dios y nos hacen perder de vista la vida que tiene preparada para nosotros. Colosenses 3:3 dice: «Vuestra vida está escondida con

Cristo en Dios». Mientras vivamos alejados de Dios, estaremos meramente existiendo, trabajando por cosas que no son eternas. Mas al acercarnos a Él descubriremos la vida plena que está escondida con Cristo en Dios.

Este es el momento para iniciar una aventura inolvidable con Dios, quien nunca dejará de maravillarte. No es posible vivir la plenitud de la libertad de Dios en tu vida si no tienes una relación personal con Él, que es la luz que necesitas para ver con claridad. De este modo, no te enredarás en situaciones que solo te traerán destrucción y muerte.

Muchos llaman libertad a una vida alejada de Dios, es decir, sin límites ni reglas. Ahora bien, ¿podemos considerar libre una vida que nos lleva a estar atados a una muerte eterna? La verdadera libertad es la que te da Dios, que te saca de la esclavitud del pecado.

Nada te impide tener una vida cercana a Dios, pues hoy eres libre de todos los conceptos errados con los que a veces lo seguimos. Su Palabra no es una imposición, sino la luz de protección, de vida, de libertad, que recibimos de Dios. Cuando caminamos con Él por amor, la carga se vuelve ligera y su yugo fácil. No importa nuestra debilidad, su poder siempre se perfeccionará en ella. Y la descubriremos al tener una relación personal con Él. Seremos transformados de gloria en gloria y alcanzaremos la plenitud de la libertad en Cristo Jesús.

Capítulo Siete

LA ACTITUD DE UN SOLDADO DE CRISTO

En varios pasajes, la Biblia se refiere a su pueblo como el ejército de Dios (Salmo 103:21, 2 Timoteo 2:4b). Esto es algo que todos sabemos, pues hasta cantamos alabanzas en las que declaramos que lo somos. Pero, aun cuando nos consideramos el ejército de Dios, no nos comportamos como tal. Es aquí donde te das cuenta de que el conocimiento no lo es todo, sino que es necesario que aquello que sabemos cobre vida en nosotros, sea revelado a nuestro espíritu y podamos vivir de acuerdo con ello.

Debido a que estamos en una guerra espiritual, que no es provocada por Dios ni por nosotros, sino por nuestro enemigo Satanás —que busca separarnos de Dios y de sus promesas para destruirnos— es imprescindible que actuemos como soldados del ejército de Dios. Esto tiene que cobrar vida en nosotros, para que vivamos como soldados que no dejarán que su enemigo logre vencerlos.

EL PLAN DEL ENEMIGO FRENTE AL PLAN DE DIOS

Juan 10:10 dice: «El ladrón no viene sino para hurtar y matar y destruir; yo he venido para que tengan vida, y para que la tengan en abundancia». Enfoquémonos, por un momento, en la primera parte del versículo. El enemigo ha venido a robar lo que te pertenece por herencia, desea destruir las promesas de Dios para tu vida y evitar que goces de la vida eterna de Dios. Satanás le ha declarado la guerra a Dios, amenazando con llevar a muerte eterna a la humanidad.

Si tú eres hijo de Dios, esta guerra también es tuya. Ya es tiempo de que actuemos como lo que somos, soldados del ejército de Dios, y peleemos contra las asechanzas del diablo. Para esto es importante conocer a nuestro enemigo, y Dios, a través de su Palabra, nos muestra la forma en que actúa, para que podamos tomar ventaja sobre él. Leamos entonces, en el libro de Juan 8:44, lo que nos muestra Dios de nuestro adversario: «Vosotros sois de vuestro padre el diablo, y los deseos de vuestro padre queréis hacer. *Él ha sido homicida desde el principio*, y no ha permanecido en la verdad, porque no hay verdad en él. *Cuando habla mentira, de suyo habla; porque es mentiroso, y padre de la mentira*». Lo que aprendemos es que el enemigo lleva en su interior el deseo de destruir y de matar, algo que ha practicado desde el principio. Su arma para lograrlo es el engaño. Si vemos esto superficialmente, parece sencillo; y cualquiera podría decir: «entonces no me dejaré engañar, y ya está». Aunque hay cierta verdad en esa confesión, pues la clave está en no dejar que nos engañe, con solo decirlo no es suficiente. Pues ¿qué es un engaño? Justamente, es lo que sucede cuando una persona no sabe que está siendo engañada. Es decir, que piensa que lo que le están mostrando, diciendo o lo que está viendo es la verdad. No debemos olvidar que el enemigo es un experto en la mentira, tiene miles de años engañando a muchos. Conoce la raza humana y cómo trabaja nuestra lógica y nuestro razonamiento, por lo que usará circunstancias o palabras que vayan de acuerdo con ellos, para lograr su propósito. Todo esto nos enseña que no podremos vencerlo humanamente. Necesitaremos de alguien superior, de alguien que no opere con nuestra lógica o razonamiento para descubrir el engaño y tener victoria sobre él, logrando ser libres de la destrucción o muerte eterna.

La buena noticia es que ese alguien es Dios, nuestro Dios, el cual es luz; y su luz pone en evidencia todo engaño del diablo. Una vez escuché un ejemplo de las mentiras del enemigo y quiero compartirlo contigo: «Un hijo de Dios falleció y llegó al cielo, donde unos ángeles lo esperaban con gran regocijo, pues finalmente llegaba a la meta. Sin embargo, estando este hombre en la recepción que los ángeles tenían para él, le llamó la atención algo que vio. Volviéndose a ellos, les preguntó:

—¿Ese lugar, donde se aprecia una gran quietud y todo se ve tranquilo, es el cielo?

A lo que los ángeles respondieron positivamente. Entonces, el hombre continuó:

—¿Qué es esa playa que veo a lo lejos, donde hay personas jugando voleibol y fútbol, y en la que se ve mucha vida y alegría?

—¡Ah! —le dijeron los ángeles— ese es el infierno.

—¿Están seguros? — preguntó el hombre.

—Por supuesto — dijeron los ángeles.

—¿Saben? —dijo el hombre— yo soy alguien muy activo y alegre. No sé si pueda estar una eternidad en el cielo, pues me parece que hay demasiada quietud y paz y, a decir verdad, el infierno no se ve tan mal, pues yo tenía otro concepto de él. Así que he decidido irme al infierno mejor.

Los ángeles, alarmados, preguntaron insistentemente si él estaba absolutamente seguro de tomar esa decisión. Y el hombre contestó repetidas veces que sí. Los ángeles no tuvieron más opción que llamar a unos demonios para que se llevaran a este hombre al infierno. Estos llegaron y emprendieron camino junto con el hombre que, a medida que se acercaban a la playa, se llenaba de una alegría y, a la vez, de la desesperación por llegar ahí lo más pronto posible. Contaba los minutos para poder estar finalmente en esa playa y disfrutar de todo lo que sus ojos veían. Justo, unos doscientos metros antes de llegar, los demonios tomaron un cruce a su izquierda, que iba en dirección opuesta a la playa. Por lo que el hombre, con voz alarmada, preguntó:

—¿Qué pasa?, ¿por qué nos estamos alejando de la playa?

Los demonios le dijeron:

—Pues vamos para el infierno.

—Por eso mismo —dijo el hombre—, ¿no es acaso esa playa el infierno?

—No —dijeron los demonios—, esa playa es solamente la propaganda.

Quizás, ya habías escuchado esto antes, pero es que el enemigo hará lo que sea por engañarte. Si tú te guías por el sentido humano, por tu lógica o por tu propio conocimiento, corres el peligro de caer en la trampa. Así que, como ejército de Dios, debemos capacitarnos en el Espíritu, para poder descubrir los engaños del enemigo y, de este modo, permanecer firmes en medio de la batalla y, al final, ganar la guerra. Pero primero, veamos qué es lo que Dios ha puesto en nuestras manos.

Un ejército capacitado

Como ejército de Dios, es imprescindible que conozcamos y creamos lo que Dios dice en su Palabra y que vivamos de acuerdo con ello, porque necesitamos saber con qué contamos para enfrentar al enemigo. La Palabra es nuestro instructivo, que nos permite descubrir todo lo que Dios nos ha dado y ha puesto en nosotros para ir a la guerra. Veamos, entonces, ciertas verdades a las que debemos aferrarnos para mantenernos firmes y en victoria. Romanos 8:37 dice: «Antes, en todas estas cosas somos más que vencedores por medio de aquel que nos amó». A la vez, Filipenses 4:13 nos dice: «Todo lo puedo en Cristo que me fortalece». Tu verdad como soldado de Dios es que tienes garantía de la victoria. No hay ejército sobre la faz de la tierra que la tenga. Sin embargo, los hijos de Dios peleamos con su poder, y no hay nada que pueda vencer a Dios. La clave de nuestra victoria es que luchemos por medio de Cristo, porque así somos más que vencedores.

Ahora bien, la actitud con la que tú te presentas a la guerra es importante. Hoy en día, vemos demasiados hijos de Dios que pelean una batalla muertos en miedo, temiendo lo que el enemigo pueda hacerles, ¡en vez de caminar con la certeza de que somos nosotros los que sostenemos la estafeta de la victoria! Si solo nos diéramos cuenta de lo que sostenemos en nuestras manos, podríamos ver claramente el incomparable poder de Dios y permaneceríamos en la certeza de poseer la victoria. Esto mismo nos permitiría ver claramente que el único que debería tener miedo en esta batalla espiritual es nuestro enemigo, es decir, el diablo y sus demonios. Pero esto es parte de su engaño, en el cual muchos han caído. Pues, aun cuando conocen los versículos de memoria y cantan, declarándose más que vencedores, a la hora de la batalla, continúan viendo al enemigo como un gigante.

Cada vez que se predica de este tema de cómo somos más que vencedores en Cristo Jesús, generalmente, todos responden con júbilo, y el lugar se llena de gran fuerza y regocijo. Pues es fácil alegrarse y gritar al escuchar cuán victoriosos somos. Pero la realidad en la que muchos viven es otra: pelean con una actitud de derrota, pues se ven a sí mismos mucho más pequeños que su ofensor.

Es como cuando te quedas en la casa solo de noche y, de repente, oyes ruidos en la primera planta de tu casa o en el cuarto del fondo. Revisas con cierto miedo y descubres que no hay nadie. Regresas a tu cuarto nuevamente y vuelves a oír sonidos; pero ahora se han vuelto oscuros, pues lo más seguro es que sea un espíritu maligno. Tu corazón empieza a palpitar a diez mil por hora, sientes que pierdes la respiración y decides no salir de tu cuarto, buscas la esquina más escondida y te postras y comienzas a clamar que la sangre de Cristo te cubra. A la vez, tu mente te traiciona, llevándote a pensar en qué podría pasarte si esa presencia entrara en tu cuarto, haciéndote creer que lo más horrible está a punto de sucederte. Empiezas a sentir que el tiempo no pasa y anhelas que tu familia llegue pronto para que todo se acabe. Pero eres la misma persona que hace unas horas estaba declarándole la muerte al diablo y que se creía más que vencedora en Cristo Jesús. ¿Qué es lo que ha pasado? ¿Dónde quedaron los gritos de júbilo y de celebración de que somos más que vencedores en Cristo Jesús?

Cuán fácil se nos olvida lo que somos o lo que tenemos en las manos, cuando nos dejamos llevar por la emoción del conocimiento y no permitimos que la Palabra se asiente en lo más profundo de nuestro espíritu, alma, mente, corazón y cuerpo, para que se vuelva vida en nosotros, en la única y absoluta verdad, la cual nos llevará a caminar en el poder de Dios y traerá victoria sobre nuestras vidas. Si esto último no sucede, tanto el enemigo como las circunstancias duras de la vida se convertirán en gigantes delante de ti, pues te encontrarás peleando con tus propias fuerzas, con estrategias humanas.

Como sabes, el enemigo ha estado engañando desde el principio de los tiempos y, tristemente, muchos han caído en su trampa. Pero, también, hubo hombres y mujeres que descubrieron sus engaños y pudieron caminar en a luz de la verdad que proviene de Dios.

Veamos un ejemplo más claro sobre esto: fue en el tiempo del rey Saúl. El ejército filisteo se había reunido para pelear contra él y los israelitas. Un soldado de dicho ejército, llamado Goliat, quien medía aproximadamente tres metros de altura, salió del campamento a desafiar al pueblo de Israel. Veamos lo que este hombre le dijo, en 1 Samuel 17:8-10: «Y se paró y dio voces a los escuadrones de Israel, diciéndoles: ¿para qué os habéis puesto en orden de batalla? ¿No soy yo el filisteo, y vosotros, los siervos de Saúl? Escoged de entre vosotros un hombre que vega contra mí. Si él pudiere pelear conmigo y me venciere, nosotros seremos vuestros siervos; y si yo pudiere más que él, y lo venciere, vosotros series nuestros siervos y nos serviréis. Y añadió el filisteo: Hoy yo he desafiado al campamento de Israel; dadme un hombre que pelee conmigo».

Es impresionante lo que sucede cuando se nos olvida quién es nuestro Dios. El versículo 11 nos dice: «Oyendo Saúl y todo Israel estas palabras del filisteo, se turbaron y tuvieron gran miedo». ¡Te imaginas, ver a todo un ejército amedrentado! Lo único que vio fue el tamaño de Goliat, lo imponente de su armadura y de su fuerza, y esto fue suficiente como para que se consideraran derrotados. Es más, la historia nos cuenta cómo, durante cuarenta días, el filisteo iba por la mañana y por la tarde a desafiar y a provocar al pueblo de Israel, logrando asustarlos, cada día. Mientras esto acontecía, Isaí había enviado a su hijo menor, David, a llevar alimento para sus hermanos que estaban al frente de la batalla. Él tendría alrededor de quince años de edad. Era apenas un muchacho, con seguridad, el más joven de todos los hombres de Israel. Al llegar al campamento, le es imposible dejar de notar lo que estaba sucediendo: justo, en ese momento, Goliat hacía una de sus tantas apariciones. David vio a los hombres de Israel huir de Goliat. Pero su reacción fue totalmente opuesta, pues preguntó: ¿Quién es este filisteo incircunciso, para que provoque al los escuadrones del Dios viviente? En sus palabras no hay temor, sino, más bien, indignación. ¡Cómo puede alguien atreverse a desafiar al ejército del Dios Viviente! Esta última expresión es exactamente la clave del motivo por el que David no actuaba como los demás: él no estaba huyendo porque conocía la verdad de su Dios. Pues no solo sabía acerca de Él, sino que lo conocía personalmente. Sabía que estaba vivo y lleno de poder, y ningún gigante podría borrar la imagen de su Dios. David es llevado donde Saúl, y sus palabras para el rey fueron: «No desmaye el corazón de ninguno a causa de él; tu siervo irá y peleará contra este filisteo».

Cuando leo la respuesta de Saúl a David, me doy cuenta de que hoy en día se sigue escuchando exactamente lo mismo, pues lo único que vio Saúl fue la edad y, por ende, el tamaño de David: era tan pequeño y flaco que la armadura del Rey le quedaba bailando. Es más, no podía ni tan siquiera caminar con ella. Además de eso Goliat, era un hombre de guerra desde su juventud, era experto, y David no tenía experiencia. Sin embargo, este no confiaba en su edad, su estatura ni en su falta de experiencia, sino en el Dios viviente, pues sabía que había un solo gigante de verdad: su Dios.

El mismo que lo había librado de las garras de un león y de las de un oso, y que hoy podía librarlo de las manos de este incircunciso filisteo.

Así, salió David a pelear contra un gigante que, delante de Dios, era tan vulnerable que solo una piedrecilla del arroyo, arrojada por el joven, causó muerte y trajo la victoria sobre el pueblo de Israel. David conocía el secreto, sabía que el poder no residía en la espada, en la armadura, ni en la piedra, sino en Dios, como está escrito en los versículos 45 y 46: «Entonces dijo David al filisteo: tú vienes a mi con espada y lanza y jabalina; más yo vengo a ti en el nombre de Jehová de los ejércitos, el Dios de los escuadrones de Israel a quien tú has provocado. Jehová te entregará hoy en mi mano, y yo te venceré».

David tenía la certeza de quién era su Dios y de sus promesas. Él sabía que el Dios viviente, Jehová de los ejércitos, lo respaldaría y derramaría su poder, pues en Él somos más que vencedores. Por esta misma razón, David camina con la actitud de victoria: él estaba seguro de que vencería. Nada de lo que el enemigo hacía logró persuadirlo de lo contrario, ni los comentarios fuera de lugar de su mismo ejército y de sus hermanos. David no se dejó engañar por su enemigo, sino que caminó en la luz que solo Dios sabe dar, y esta trajo libertad.

La pregunta es: ¿Cuántos de nosotros nos comportamos como el pueblo de Israel, y qué haremos para ser más como David? Ya no debemos vivir en el engaño del enemigo, aun cuando parezca un gigante. Si tú permaneces en Dios, siempre vencerás. Ahora bien, no basta solo con saber quién es Dios. Es necesario pasar tiempo con Él. David lo hacía, y así, logró conocerlo en verdad, a punto tal que podía ver a través de sus ojos y caminar con la actitud correcta ante la batalla.

Si eres un vencedor, tienes la victoria garantizada. Si permaneces en Él, ganarás cada batalla. Ya no te esconderás, muerto de miedo, ni le regalarás tus victorias al adversario, sino que dirás, al igual que David: «Jehová te entregará hoy en mi mano y te venceré». Por eso, también, está escrito: «Dijo entonces Jesús a los judíos que habían creído en él: Si vosotros permaneciereis en mi palabra, seréis verdaderamente mis discípulos; y conoceréis la verdad, y la verdad nos hará libres» (Juan 8:31,32).

Por lo tanto, un soldado de Dios sabe que debe de permanecer en Él, para que la verdad nos haga continuar en libertad, siendo más que vencedores en Él. Tú y yo somos soldados del mejor ejército que hay en el universo, el ejército de Dios.

CÓMO SE COMPORTA UN EJÉRCITO

Saber que somos un ejército debe llevarnos a comportarnos como tal. Si nos detenemos a estudiar el comportamiento de la milicia, nos damos cuenta de que su actitud no es solamente de protección, sino también de ataque. La mayoría de las personas hemos visto películas o documentales de guerra o, en algunos casos, la hemos vivido en nuestra nación. Sabemos que parte de la estrategia para sobrevivir es estar protegidos, tener buenas trincheras. Pero el corazón de la guerra está en salir a la batalla, en atacar a tu adversario.

Ahora, hagamos una pausa para ver cómo se comporta el ejército de Dios. Al observarlo, en general, me doy cuenta de que son muy pocos aquellos que atacan. La mayoría solo busca protegerse. Esto refleja el engaño del enemigo, pues, cuando un soldado nunca sale de las trincheras a pelear la batalla, lo más seguro es que tiene miedo, provocado por creer que su enemigo es más fuerte que él.

El pueblo de Dios parece estar en este engaño, como si viera al enemigo más fuerte que él. A decir verdad, como ser humano, no puedes enfrentar al diablo. Pero, como hijo del Dios viviente, como soldado de su ejército, no importará tu humanidad, ni tu tamaño, ni tu edad, pues no pelearás en tus fuerzas, sino con el poder de Dios. Eso es lo que hace y siempre hará la diferencia y es la razón por la que siempre obtendremos la victoria, pues nada ni nadie podrá vencer a Dios porque es Todopoderoso.

Mientras no despiertes de ese engaño, cada vez que veas algún mal acercarse, lo único que harás es decir: «Me cubro con la sangre de Cristo» o «Cubro mi casa con la sangre de Cristo». Vivimos cubriéndonos con su sangre, como escondiéndonos detrás del poder de Dios, lo cual es correcto, pues en su poder debemos escudarnos. El problema está en que nos olvidamos por completo de que tenemos una espada de poder y de autoridad para destruir a nuestro enemigo. Ese mismo poder que nos esconde de los dardos del enemigo también podemos usarlo para destruirlo. Es tiempo de salir de las trincheras y usar la espada del Señor, que es su Palabra y destruir al enemigo, manteniéndolo debajo de nuestros pies. Ya no dejemos que nos amedrente, seamos nosotros su peor pesadilla. Dios nos ha dado la victoria, pues ha puesto poder en nosotros para pelear y vencer. La Palabra dice, en el libro de Mateo 18:18: «De cierto os digo que todo lo que atéis en la tierra, será atado en el cielo, y todo lo que desatéis en la tierra, será desatado en el cielo» (ver Mateo 16:19). Es tiempo de que el ejército de Dios vea todo lo que es y todo lo que Dios ha puesto en su mano y deje de huir del enemigo, y sea este quien lo haga. Si usamos la sangre de Cristo para cubrirnos y la Palabra para atar al enemigo, ya no solo diremos: «Me cubro con la sangre de Cristo», sino que agregaremos: «y en cuanto a ti (demonio, diablo), te ato en el nombre de Jesús; no tienes poder ni autoridad sobre mí, ¡sal fuera de mi territorio pues no hay lugar aquí para ti!».

En una guerra natural, vemos cómo los soldados usan como estrategia el infiltrarse en el ejército enemigo con el propósito de descubrir su siguiente paso. Es decir que no se quedan sentados esperando a ver cuándo el enemigo se asoma, sino, más bien, van en busca de él.

Pero el ejército de Dios pareciera hacer todo lo contrario, escuchamos frases como estas: «Cuanto menos sepa del enemigo, mejor», «Cuanto más lejos, mejor», «Si lo veo pasar por la esquina, me voy en dirección opuesta». No es que te esté pidiendo que anheles estar cerca del enemigo, pero sí que seas consciente de que estás en guerra, y de que él está buscando la oportunidad para destruirte. ¿No sería mejor que tú lo encuentres primero, te adelantes a sus planes y obtengas la victoria sobre él?

Esta idea no nace en la milicia ni es mía, sino que es una estrategia dada por Dios. Leamos lo que está escrito en 2 Corintios 2:11: «Para que Satanás no gane ventaja alguna sobre nosotros, pues no ignoramos sus maquinaciones».

Dios nos está diciendo que el enemigo buscará sacarnos ventaja, pero nos da la clave para que seamos nosotros los que la tomemos y no él. Dios nos invita a tomarle la delantera, es decir que antes de que él actúe, lo hagamos nosotros. Por eso, el enemigo ha querido engañarnos con la idea de que si nos atrincheramos, estaremos seguros. Pues sabe que si salimos de ellas, igual que David, tomaremos ventaja sobre él. ¿Cómo? Descubriendo sus maquinaciones, antes de que sean ejecutadas. Para ello no tenemos que infiltrarnos en su ejército, pues Dios, en su Palabra, las pone en evidencia.

Pero podemos estar seguros de que el diablo, como padre de mentiras, tratará de engañarnos tantas veces como sea necesario para destruirnos. Sin embargo, si tú conoces su forma de trabajar y sabes que Dios expone sus engaños, el estar equipado con la verdad te capacitará para derrotarlo. Para esto tenemos que permanecer alerta. Generalmente, el enemigo atacará justo en la debilidad de su contrincante, por lo que podemos estar seguros de que apuntará a nuestra naturaleza pecaminosa. Buscará nuestras flaquezas para hacernos caer en la batalla. Una vez más, al permanecer en Cristo, nos damos cuenta de que estamos cubiertos por el poder de Dios, que se perfecciona en nuestras debilidades. Entonces, el enemigo no podrá utilizarlas para amedrentarte como lo hizo con el pueblo de Israel a través de Goliat, sino que la Palabra será tu fuerza y tu verdad para librarte. Goliat era real, era un gigante y podía vencer a cualquiera que se le pusiera enfrente. Ese era un perfecto engaño, pues cualquier ser humano se hubiera visto indefenso y hubiera tenido todas las pruebas visibles y palpables para justificar su miedo. Este ejemplo nos permite ver lo experto que es el diablo para engañar: usará hechos y verdades, hasta la Biblia, para engañarte. Recuerda entonces que si dependes de Dios, no importará lo elaborado del engaño, pues ninguna mentira del diablo puede prevalecer a la luz de la Palabra de Dios. El caso de David lo comprueba.

Me gustaría que viéramos otro ejemplo de engaño: el enemigo usa la ofensa como una estrategia en contra de nosotros. Esto no está ligado, necesariamente, al dolor que te puede causar una ofensa, sino a su resultado cuando no fue resuelta. Ella despierta nuestro ego, nuestro YO. Es decir, una gran debilidad del ser humano, que el enemigo maneja muy bien. Él sabe que el ser humano tiene una tendencia predominante a pensar en su yo antes que en los demás, una debilidad de la carne que lo lleva a preferir no perdonar para protegerse a sí mismo, ya que, generalmente, el no hacerlo trae un sentido falso de defensa y de justicia. Mas, una vez que has caído en la trampa. La falta de perdón, te vuelve prisionero del enojo, del resentimiento, de la amargura y del dolor y, por lo tanto, más vulnerable a las faltas de otros sobre tu vida. Con esto Satanás logra, de una forma sutil, dañar tu personalidad; pues ha herido tu corazón, de donde mana la vida, lo cual afectará directamente la forma en que la ves, influyendo negativamente tu presente y tu futuro. Y esas heridas gobernarán tu vida. La ofensa fue la carnada para que tu ego se activara, para hacerte caer en el engaño de que si no perdonas lo único que haces, en verdad, es cuidar de ti.

Pero si tú caminas adelante del enemigo, conocerás que la falta de perdón solo es una fachada de falsa protección sobre tu vida, y que la ofensa fue carnada de una trampa para tu corazón. Entiendes que, en realidad, la ofensa es solamente una maquinación del enemigo con el propósito de matar, robar o destruirte. El ir adelante del enemigo te permitirá usar las armas que Dios te da para deshacer todo plan en tu contra. Básicamente, lo enfrentarás y tendrás victoria sobre él. En este caso, el perdonar la falta es el arma que Dios pone en tus manos. Esto no solo sana tus heridas, sino que impide que el enemigo se robe tu paz y que te haga prisionero del enojo, resentimiento y amargura que una ofensa no resuelta puede traer a tu corazón, ocasionándole gran daño a tu personalidad y a tu vida en general. Tu ego no podrá interponerse en tu camino, pues la luz de la Palabra descubre toda intención oculta, y nada que nace en un deseo de la carne puede producir vida y libertad. Entonces, el descubrir tu ego solo hará que el poder de Dios se perfeccione en tu debilidad y te estimule a caminar en bondad y amor, y no en egoísmo. Al final, aquel dardo de ofensa que fue lanzado para muerte, en las manos de Dios, se convierte en bendición y vida (ver Romanos 8:28).

Es conociendo sus maquinaciones que puedes guerrear eficazmente contra él y así permanecer en libertad. No escondiéndote detrás de un escudo, sino enfrentando al enemigo con el poder de Dios.

CONOCE LA POSICIÓN DEL ENEMIGO

Sabemos que nuestra lucha no es contra sangre ni carne, sino contra principados y potestades (ver Efesios 6:12). Muchas veces, esto puede parecer intimidante, por lo que es de vital importancia que conozcas la verdadera posición del Satanás y sus demonios delante de Dios.

El libro a los Colosenses 2:15 dice: «Y despojando a los principados y a las potestades, los exhibió públicamente, triunfando sobre ellos en la cruz». La palabra «potestad» es sinónimo de poder y la palabra principado es sinónimo de autoridad. Es decir, que Jesucristo los despojó a todos de su poder y autoridad y los exhibió públicamente, triunfando sobre ellos en la cruz. Si estás cubierto por la sangre de Cristo, significa que el enemigo no tiene poder ni autoridad sobre tu vida. Satanás ha sido vencido por Cristo Jesús, por lo tanto, si Cristo es dueño de la victoria, todos los que hemos sido lavados con su sangre somos herederos de ella. La razón por la cual es de suma importancia saber cuál es la posición del enemigo delante de Dios es que deja al descubierto la nuestra. Pues si la de él es de derrota, la nuestra es de victoria. A la vez, es de gran importancia que sepas que Satanás no tiene autoridad sobre aquellos que están lavados con la sangre de Jesucristo, pues fue despojado de ella en la cruz del calvario. Sabes, en ninguna parte de la Palabra está en debate el poder de Dios contra el poder del enemigo. Desde el principio, ha quedado establecido que nadie puede enfrentar a Dios. Es decir que no podemos ni tan siquiera comparar el poder del enemigo con el de Dios.

Además, como soldado, no puedes salir a la guerra creyendo que tu enemigo tiene autoridad sobre ti. He conocido a gran cantidad de cristianos que parecieran temerle al diablo, como si él tuviera domino sobre sus vidas. Ya es tiempo de que los cristianos entendamos que es el enemigo el que debe tenernos miedo a nosotros, pues hemos venido a quitarle lo que nos robó y a tomar posesión de la tierra que él ha tratado de robar. Si no estás convencido de que tienes la autoridad para atar, vencer y destruir al enemigo, no podrás permanecer en victoria. La persona que no está convencida, duda y entra en miedo, y el miedo y la duda son dardos del enemigo para que le abramos la puerta y lo dejemos entrar a robar. Él no puede tocar nuestras vidas, a menos que nosotros lo dejemos entrar a nuestro territorio. Si hemos de enfrentarlo, debemos hacerlo confiados en el respaldo que hay detrás de cada uno de nosotros. Tenemos la victoria en nuestras manos, pues Cristo ya venció al diablo en la cruz. Por eso, cada vez que el enemigo tire una flecha contra ti, a través de la fe —que es tu escudo— y de la espada —que es su Palabra— podrás destruir los dardos del enemigo. Esto nos lleva al siguiente punto.

CONOCE TU ARMAMENTO

Cuando un ejército va a la guerra, es enviado con el equipo y la capacitación necesarios para obtener la victoria. De la misma manera, Dios nos equipa y capacita para la guerra. Ya tenemos el poder y la autoridad sobre el enemigo para permanecer en libertad, ¿pero qué más ha puesto Dios en tus manos?

La Palabra nos enseña que «las armas de nuestra milicia no son carnales, sino poderosas en Dios para la destrucción de fortalezas, derribando todo argumento y toda altivez que se levanta contra el conocimiento de Dios, y llevando cautivo todo pensamiento a la obediencia a Cristo» (2 Corintios 10:4-5).

Lo primero es reconocer que no pelearemos con armas humanas, que nuestra carne no tiene nada que ver en esta batalla. Lo segundo es que estas armas espirituales son tan poderosas que nada de lo que el enemigo intente logrará su fin. Estas armas tienen la capacidad de destruir cualquier cosa que el enemigo ya haya levantado en el corazón de alguien, cualquier fortaleza, hasta aquellas cosas que el enemigo logró hacer en tu pasado. Además, pueden detectar cualquier patrón mental o cualquier pensamiento que se infiltre en nuestra mente para destruir y, de este modo, derribar todo argumento que se pretenda levantar contra el verdadero conocimiento y verdad de Dios, llevando nuestros pensamientos cautivos a la obediencia de Cristo.

Es sorprendente el poder y el alcance de las armas que Dios nos ha dado. El problema, muchas veces, es que no creemos en ello ni en lo que Él dice que somos y, por alguna razón absurda, decidimos pelear la batalla con armas terrenales, sin tener buenos resultados. Luego, inculpamos de nuestra derrota a Dios. Esto nos lleva a dudar de la Palabra, creyendo que no podemos ser victoriosos, como Dios dice. Lo que no vemos, en realidad, es que no hicimos las cosas de acuerdo con el consejo de Dios, sino a nuestra manera. La única forma de ganar esta guerra es peleando con la armas de Dios, pues ellas tienen el poder para vencer al enemigo.

Conozcamos nuestra armadura. Estoy segura de que has leído esta escritura una y otra vez y de que has escuchado, innumerable cantidad de veces, mensajes sobre el tema. Pero, si me das una oportunidad y la lees una vez más, Dios continuará afirmándote en el camino de la victoria. Vayamos al libro de Efesios, capítulo 6, versículos del 10-18 y detengámonos en cada uno de ellos para ver qué es lo que Dios está hablándole a su ejército: «Por lo demás, hermanos míos, fortaleceos en el Señor, y en el poder de su fuerza» (v. 10).

Como primer punto, establece que solo a través del poder y la fuerza de Dios podremos ser fortalecidos. Aquí se vuelve imprescindible tu relación personal con Dios, la cual no es solamente asistir la iglesia y orar de vez en cuando, sino una relación en la que aprendes a compartir con Dios tu corazón en todo tiempo y dejas que Él, a través del Espíritu Santo, hable a tu vida. Esta relación con Dios te llenará de nuevas fuerzas cada día y entonces podrás caminar en su poder. Mantén una verdadera intimidad con Él, ábrele tu corazón y deja que Él se derrame sobre ti. Es tu cercanía la que alimentará tu vida de fuerza y poder: búscalo de día y de noche y deléitate en Él.

El versículo 11 dice: «Vestíos de toda la armadura de Dios, para que podáis estar firmes contra las asechanzas del diablo».

Entonces, si tu fortaleza está en Dios, vístete de la armadura de Dios, y así permanecerás firme, a pesar de los ataques del enemigo. Sé diligente al hacerlo, pues en ella está la clave de que permanezcas en medio de la guerra.

Continúa el versículo 12: «Porque no tenemos lucha contra sangre y carne, sino contra principados, contra potestades, contra los gobernadores de las tinieblas de este siglo, contra huestes espirituales de maldad en las regiones celestes».

Una vez más, se hace énfasis en que nuestra lucha no es común, no es de este mundo, sino de índole espiritual. Es como si nos estuviera advirtiendo de que no tratemos de analizar la armadura de una forma humana, ni tan siquiera creamos que debemos vestirla como vestimos cualquier armadura de guerra. La lucha no es de este mundo, sino contra los gobernadores de las tinieblas de este siglo.

«Por tanto, tomad toda la armadura de Dios, para que podáis resistir en el día malo, y habiendo acabado todo, estar firmes» (v. 13).

Por todas estas razones, no consideres solo algunas piezas de la armadura, pues cada una de ellas es imprescindible para la batalla. Entonces, tómala toda, entendiendo que cada parte será utilizada para destruir la maldad del enemigo y así resistirlo. Es decir, oponerte vigorosamente, enfrentándolo con valentía, en medio de su maldad. Y cuando todo haya acabado, tú permanezcas firme y en libertad.

«Estad, pues, firmes, ceñidos vuestros lomos con la verdad, y vestíos con la coraza de justicia» (v. 14).

La pregunta aquí es cómo te ciñes los lomos con la verdad o cómo te vistes de justicia. Justo aquí, cuando llegamos a la parte de vestirnos con la armadura, generalmente, lo interpretamos con algo que debemos ponernos cada mañana, como si fuese una vestidura exterior. Sin embargo, esta armadura espiritual no se lleva solo por fuera, sino que debe vestirse primero nuestro interior para que luego sea también visible exteriormente. Creo que muchos, hoy en día, creen y confían en la armadura de Dios. Pero la forma en que interpretaron cómo vestirla fue humana. Por eso, a pesar de que cada mañana muchos hicieron una declaración en la que van vistiéndose la armadura pieza por pieza, cuando necesitaron usarla, no fue efectiva.

Para ceñirnos las espaldas con la verdad y vestirnos con la coraza de justicia, no es suficiente decir que me visto con esto o aquello. Es necesario entender qué es lo que Dios me está pidiendo que haga. ¿Qué significa «ceñirte»? Esta palabra implica estar amarrado de tal forma que no se pueda soltar. Es decir, Dios me dice que parte de mi armadura es atarme con fuerza la verdad a mis espaldas. Si la verdad está en Cristo, pues Él es el camino, la verdad y la vida (ver Juan 14:6), entonces debo amarrar a mi vida la revelación de la Palabra de Dios. La verdad es la Palabra revelada a mi espíritu. El libro de Juan 16:13 nos enseña que el Espíritu Santo nos guiará a toda verdad, pues no hablará de su propia cuenta, sino de todo lo que oyere de Dios Padre y Dios Hijo. Entonces, para ceñirte los lomos con la verdad, necesitas pasar tiempo con el Espíritu Santo para aprender y ser guiado por Él a toda la verdad, la cual traerá libertad a tu vida (ver Juan 8:32). La libertad que produce el saber que no hay gigante más grande que Dios. La libertad que produce el saber que el enemigo no tiene poder ni autoridad sobre todos aquellos que están cubiertos con la sangre del cordero. La libertad que produce descubrir todos los engaños del enemigo y que nos permite caminar en la luz. La verdadera libertad es la que me da la Palabra de Dios, es que produce saber la verdad de que se me ha dado el poder para vencer al adversario. Como puedes ver, vestirte con esta verdad requiere mucho más que solamente hacer una declaración. Requiere de tu tiempo y dedicación al permitir que el Espíritu Santo, que mora en ti y que te anhela celosamente, ministre tu vida, impregnando en tu corazón la verdad que guiará tus pasos, tu camino, tus decisiones, tu vida. Así, entonces, has logrado dar el primer paso.

Ahora nos toca vestirnos con la coraza de justicia. Muchas veces, el concepto de justicia que tenemos difiere del de Dios. Él dice: «Mas la justicia libra de muerte» (Proverbios 10:2b). «La justicia del perfecto enderezará su camino» (Proverbios 11:5a). «El que habla verdad declara justicia» (Proverbios 12:17a). «En el camino de la justicia está la vida; y en sus caminos no hay muerte» (Proverbios 12:28).

Si te vistes de la justicia de Dios, esta te librará de la muerte y te apartará del mal. Solo la bondad de Dios, a través de su Hijo, puede librarnos de la muerte, y el mantenernos en esta justicia nos mantiene en el camino de la vida. Ella te permite caminar en verdad y en libertad para vida eterna. Esta coraza de justicia es impenetrable: nada ni nadie puede penetrarla, tampoco nuestro adversario. Haz que otros la vean en ti, descubran el secreto de tu victoria y puedan encontrar justicia a través de Jesucristo y, así, vestirse junto contigo para permanecer libres de muerte. No te confíes en otra cosa, no son tus obras ni tus logros. Es y siempre será la justicia derramada en la cruz la que te ha dado vida y libertad. Así que planta esta verdad en tu corazón y camina con esa certeza en tu interior y verás cuán blindada es tu armadura contra los ataques de muerte de tu adversario.

El verso 15 continúa diciendo: «Y calzados los pies con el apresto del evangelio de la paz». Cuando te calzas con el evangelio de Dios, hay poder en tu caminar, pues escrito está: «Porque no me avergüenzo del evangelio, porque es poder de Dios para salvación a todo aquel que cree; al judío primeramente, y también al griego. Porque en el evangelio la justicia de Dios se revela por fe, como está escrito: el justo por la fe vivirá» (Romanos 1:16,17).

Calzar tus pies con el evangelio es reconocer su poder para llevar salvación a muchos: los enfermos son sanados, los muertos resucitan, los demonios son echados fuera y la muerte eterna es destruida. Es tiempo de que camines en el poder de Dios, y otros vean para que crean y reciban salvación. Pues también está escrito que estas señales les seguirán a los que creen. Eres llamado a tomar posesión de la tierra que se te entregó; que tu caminar sea lleno del poder de Dios. Así cada día que pase escribas historia para Dios.

«Sobre todo, tomad el escudo de la fe, con que podáis apagar todos los dardos de fuego del maligno» (v. 16).

Me gustaría hacer énfasis en «*sobre todo*», pues da a entender que si no tenemos el escudo de la fe, el enemigo podrá penetrar la armadura, lo que significa que es de gran importancia que lo tomemos.

Fe es la certeza de lo que se espera y la convicción de lo que no se ve. Es decir que, sin ella, no podrás resistir, y tu armadura carecerá de legitimidad. Muchas veces, las cosas parecerán contradictorias. Mas si tú crees, a pesar de lo que ves o de lo que sucede a tu alrededor, pues tienes fe en Dios, ella te dará la certeza de su fidelidad. Tendrás la perfecta convicción en tu corazón, que será como un escudo que te fortalecerá y destruirá los dardos del maligno. Así, logrará que toda la armadura trabaje de acuerdo con el perfecto plan de Dios.

«Y tomad el yelmo de la salvación, y la espada del Espíritu, que es la palabra de Dios» (v. 17).

El yelmo se refiere al casco del soldado en la época antigua, que cubría totalmente el rostro. Los ojos tenían una malla metálica para poder ver. En este caso, es el yelmo de la salvación: a través de ella, tenemos acceso a la palabra de vida que nos mantiene libres de contaminación y de todo aquello que cause muerte eterna. Cuando llevo cautivo todo pensamiento a la obediencia de Cristo, estoy poniéndome el yelmo de la salvación, pues ningún pensamiento de muerte podrá penetrarme y, así, podré permanecer en libertad. A la vez, he de cuidar lo que miran mis ojos, dándoles solo libertad para que puedan ver las cosas que van de acuerdo con la salvación que Dios me da. También, deberé guardar mis oídos para no contaminar mi alma, llevando palabras de vida y no de muerte en mi boca, para cosechar lo bueno y la bendición de Dios. Es impresionante cómo el enemigo puede llegar hasta lo más profundo de nuestro ser, a través de nuestra mente, ojos, oídos y boca. Cúbrelos con la verdad que te dio salvación y guardarás tu vida de destrucción.

Ha llegado la hora de tomar la espada del Espíritu, la Palabra de Dios. ¡Cuán importante es conocerla! En efecto, es la única que puede destruir y atar al enemigo. Cuando el Señor Jesús fue tentado, no usó su sabiduría, sino la espada de la Palabra de Dios, y una y otra vez respondió de la misma manera: «Escrito está». Es en ella donde está el poder de Dios, pues por su palabra todas la cosas fueron creadas y se sustentan. El conocerla te permitirá declararla con fe y destruir al enemigo. Si vives por la palabra, la conocerás. Toma tu espada y hazla tu vida. Úsala para destruir todas las huestes de maldad y todo principado y potestad de las tinieblas.

Al convertirte en hijo de Dios, automáticamente te enlistas en su ejército. No es opcional, pues has tomado la posición contraria al enemigo, y el diablo te declara la guerra. Así que levántate, en el poder de Dios, y camina como un soldado de su ejército. Algo que no se nos debe olvidar es que un ejército camina en unidad. Entre sus integrantes no hay envidia. Ningún soldado se molesta porque uno de los miembros de su batallón sea un gran tirador, pues esta habilidad traerá bendición directa a todos, ya que protegerá a los demás compañeros de batalla. De la misma manera, Dios nos ha dado diferentes habilidades en el Cuerpo de Cristo con el propósito de que este crezca: «Todo el cuerpo, bien concertado y unido entre sí por todas las coyunturas que se ayudan mutuamente, según la actividad propia de cada miembro, recibe su crecimiento para ir edificándose en amor» (Efesios 4:16).

Así que, unidos como un solo cuerpo, guerreemos contra nuestro único adversario usando el poder de Dios a través de su palabra, su fuerza, la fe y el poder del evangelio, para vencer y permanecer firmes en todo tiempo y gozar de la vida plena que solo Jesús sabe dar.

Dios ha puesto en nuestras manos el poder y las armas espirituales para vencer en todo tiempo, pero necesitamos conocer quiénes somos y todo lo que tenemos en nuestras manos. Creer que Dios nos constituyó como soldados suyos nos permitirá guerrear confiados.

EXAMINA TU CORAZÓN

Examinarte a ti mismo, como parte de tu vida espiritual, te ayudará a mantenerte dentro de la libertad de Dios (1 Corintios 11:31). El hacerlo constantemente te permitirá ver lo que has guardado en tu corazón y, a la vez, reconocer áreas internas en las que necesitas un cambio.

Recuerda que el ser humano tiene tendencia a pecar. Por eso, Dios lo invita a examinarse a sí mismo. Pablo, aconsejando a Timoteo, le dijo que tuviera cuidado de sí mismo (ver Timoteo 4:16) refiriéndose a su carne, pues ella tiene deseos contrarios a la voluntad perfecta de Dios. Gálatas 5:17ª dice: «Porque el deseo de la carne es contra el Espíritu, y el del Espíritu es contra la carne». Esto nos indica que debemos cuidarnos de nosotros mismos para que nuestra carne no nos lleve a la esclavitud del pecado y nos prive de la libertad que hay en Cristo Jesús. Ella permanecerá mientras caminemos en el Espíritu y no en los deseos de la carne, como lo dice Gálatas 5:16: «Digo, pues: Andad en el Espíritu, y no satisfagáis los deseos de la carne».

Me gustaría que tratemos de entender qué es lo que Dios nos está diciendo con esto, ya que muchos creen que andar en el Espíritu es tener una imagen de espiritualidad, usar un vocabulario «espiritual», ser tan santo que los pies ni tocan tierra como si caminase sobre las nubes, o volverse alguien inalcanzable. Pero «andar es el Espíritu» podría traducirse como obedecer a Dios en todo tiempo. Es creerle siempre, aun cuando lo que te dice no parece tener lógica; vivir por fe; caminar en la libertad de su Palabra. Pues si obedeces a Dios y le crees y caminas por fe, estás obedeciendo al

Espíritu y, por ende, te encuentras caminando en Él. Para lograrlo, es necesario no satisfacer los deseos de la carne. Esta frase: «No satisfagáis los deseos de la carne», deja implícito que, aun cuando te encuentras caminando en el Espíritu, la carne sigue teniendo su naturaleza pecaminosa y, por lo tanto, tendrá deseos carnales. Es decir que, mientras vivamos en esta tierra, tendremos una lucha permanente en nuestro interior, entre la carne y el espíritu.

Gálatas 5:19-21 nos muestra cuáles son las obras de la carne, todo lo que hacemos cuando nos dejamos guiar por sus deseos: «Y manifiestas son las obras de la carne, que son: adulterio, fornicación, inmundicia, lascivia, idolatría, hechicerías, enemistades, pleitos, celos, iras, contiendas, disensiones, herejías, envidias homicidios, borracheras, orgías y cosas semejantes a estas, acerca de las cuales os amonesto, como ya os lo he dicho antes, que los que practican tales cosas no heredarán el reino de Dios».

Básicamente, es la naturaleza carnal la que te empuja a hacer cosas como estas. Cada una de ellas produce muerte, pues está ligada al pecado, que es la semilla que plantó el enemigo en la humanidad para traer destrucción y muerte. Cada una de estas cosas y otras semejantes son las que debemos mantener lejos de nuestra vida; para ello debemos caminar en dirección opuesta, es decir, en la del Espíritu. Es la única forma de permanecer firmes en la libertad que Cristo nos dio y de no volver a estar sujetos al yugo de esclavitud. En otras palabras, Cristo nos hace libres de la influencia de la carne (ver Gálatas 5:1).

Por esta razón, se vuelve importante que nos examinemos constantemente y estemos alerta a esos deseos, para no ceder a ellos y poder, de esa forma, caminar en el Espíritu y seguir gozando de la libertad en Cristo Jesús.

Una porción bíblica que nos ayuda a ver nuestro corazón es Gálatas 5:22-23: «Mas el fruto del Espíritu es amor, gozo, paz, paciencia, benignidad, bondad, fe, mansedumbre, templanza; contra tales cosas no hay ley».

En este versículo encontramos el fruto del Espíritu, es decir, lo que desarrollamos en nuestra vida al decidir caminar en el Espíritu. Todo lo contrario a él son los deseos de la carne. Como hemos de caminar en el Espíritu, también daremos frutos espirituales. La mejor manera de saber como está nuestro corazón, para ver si estamos avanzando según la voluntad de Dios y si mantenemos un corazón sano, es vernos a través del fruto del Espíritu.

Es interesante notar cómo es un solo fruto, pues dice «el fruto del Espíritu». Sin embargo, detalla nueve. Lo que sucede es que el fruto está compuesto de nueve características o miembros. Al igual que un ser humano, una persona se compone de muchos miembros, como cabeza, ojos, nariz, boca, brazos, piernas, y así sucesivamente, pero es un solo fruto del vientre de una madre. De la misma manera, es un solo fruto del Espíritu, pero está integrado por nueve características diferentes que hacen el todo del fruto. En ellas, debemos crecer para caminar en el Espíritu y no en los deseos de la carne. ¿Cómo lo hacemos? Bueno, si el fruto es del Espíritu, Él es el que lo hará crecer en ti. La forma de lograrlo es pasar tiempo con Él. Mantener una relación con el Espíritu de Dios te llevará a desarrollar dentro de ti cada una de estas nueve características. Ahora bien, muchas veces hemos tratado de crecer en el fruto del Espíritu, tomando una a la vez. Pero esto sería como decirle a un bebé que primero le crezcan las piernas y, cuando estas lo hayan hecho, pueda enfocarse en que se desarrollen sus brazos: tendríamos fenómenos, en vez de niños saludables. No es posible crecer sanamente de esa manera, lo normal y correcto es que todo el cuerpo lo haga al mismo tiempo, en forma proporcional. Del mismo modo se crece en el fruto del Espíritu. Se crece proporcionalmente en todas las características al mismo tiempo.

No midas tu vida espiritual por los dones que Dios te ha dado ni por la unción con la que enseñas, predicas o te mueves, sino más bien, toma el fruto del Espíritu y examina cómo caminas por la vida, cuánto amor o gozo manifiestas o cuánta paz llevas a donde quiera que vayas. Si eres paciente en verdad o solo te tragas la impaciencia para parecerlo. Si lo que procuras es bueno para los demás y no solo para ti. Si tienes un corazón lleno de bondad y no de egoísmo. Es tomando cada una de estas características y aplicándolas a tu vida que podrás determinar si estás o no caminando en el Espíritu. Esta es una de las mejores maneras en la que podemos tener cuidado de nosotros mismos y no darle lugar al diablo: «Vence con el bien el mal» (Romanos 12:21).

Toma, una a una, cada característica del fruto del Espíritu y mide tu corazón, tus decisiones, tus pensamientos, tus motivaciones, a través de ellas. Así descubrirás en qué forma estás caminando. Al hacer esto sé que encontrarás algunos incorrectos y podrás no solo corregirlos, sino descubrir las áreas en las que necesitas seguir cambiando. También, verás todas las cosas que estás haciendo de acuerdo con la Palabra de Dios y comprobarás lo que has crecido en el Señor.

A medida que creces en Dios, gozas de mayor libertad, pues su Palabra seguirá alumbrando tu vida, cada vez más. Al buscar a Dios, Él continuará revelándote la profundidad de su Palabra. Cuando comencé a practicar este autoexamen en mi vida, me sorprendió descubrir cuán fácilmente caminamos en los deseos de la carne, aun cuando pensamos que lo que hacemos es bueno. Pero aprendí a ver mis errores como Dios los ve. Para Él, nuestras faltas son la oportunidad de derramar su poder, su misericordia y su amor, para transformarnos. Así que hoy no me asusta encontrar una falta en mí. Lo único que necesito es enfocarme en ella, de la misma manera que Dios lo hace. Así, no causa desilusión, sino que produce alegría.

Pues, al descubrir la falta, lo que sigue es ver cómo Dios me hace libre y cambia mi vida. La expectativa de ver lo que Él hará y de saber que ese es el primer día de libertad para esa área específica de mi vida me da gozo y fuerza.

El examinar mi corazón me ha librado de caminar en errores que muchas veces ni yo misma podía ver y, a la vez, me ha permitido disfrutar de las consecuencias positivas de haber tomado la decisión de hacerlo. Por eso, en mi vida, descubrir mis faltas delante de Dios, solamente es el inicio de una victoria segura en Él. Lo que necesitas es estar dispuesto a creer en Él y a seguirlo, obedeciendo su voz.

Esto se vuelve una forma de vivir diariamente, lo importante es caminar a la velocidad que Dios te lleve y, cada día, verás su obra completándose en tu vida. Al hacerlo, no te fatigas ni te impacientas, pues sabes que Él está obrando. Por lo tanto, algo bueno está pasando. Caminar a la velocidad de Dios es obedecerlo en todo lo que Él te diga. Toma la decisión correcta y permanece en libertad.

Al caminar en el Espíritu aprenderás a ver la vida a través de los ojos de Dios, lo cual te permite, no solo adelantarte al enemigo y vencerlo, sino gozar de una vida plena que no pensabas que se podía lograr. Ella supera las expectativas que cualquier ser humano pueda tener en cuanto a la felicidad, va más allá de tu imaginación, pues cuando empiezas a vivirla, no te cabe duda de que el único que puede llenarla y completarla totalmente es Dios.

Dios ha hecho todo por cada uno de nosotros, nos ha dado acceso a su naturaleza divina para poder ser más que vencedores en Cristo Jesús. A partir de este momento, es tu decisión y lo que hagas con todo lo que Dios ha puesto en tu mano lo que hará la diferencia en tu vida. Así que anda y toma una de las mejores decisiones de tu vida, restaura tu pasado, camina en el amor de Dios y ámalo con todo tu ser, vive en perdón, anda en la libertad que solo

Él sabe darte y pelea como buen soldado de Cristo, pues la victoria ya está en tus manos. Al mismo tiempo, puedes disfrutar de tu relación con Dios, de todo lo sobrenatural que rodeará tu vida y de la vida plena que Él tiene preparada para ti, pues aun cuando es cierto que el enemigo vino a robar, matar y destruir, más poderoso es aquel que vino para que «TUVIERAS VIDA Y LA TUVIERAS EN ABUNDANCIA». Esta es tu realidad así que no esperes más y haz lo tengas que hacer para comenzar a vivir en libertad.

Como hijo de Dios, no debes conformarte con menos. Descubre la plenitud en Él y vive una vida llena de la libertad que solo Dios sabe dar. Deja esto, como herencia, a tus generaciones por venir, pues al que cree todo le es posible.

TODO LO QUE ERES

Muchas veces, ignoramos lo que significa ser herederos de Dios. No nos tomamos en tiempo para escudriñar su Palabra y descubrir la profundidad de la herencia de Dios para sus hijos. En ella se encuentra todo lo que tú necesitas para permanecer en libertad y mantener al enemigo debajo de tus pies. Dios no desea que seas un cristiano derrotado o mediocre, Él te ha dado todo lo que necesitas para ser verdaderamente libre, un cristiano que goza de salud espiritual, y emocional, y que puede permanecer firme delante de Dios y tener éxito en la vida.

Pero, a la vez, has sido diseñado para hacer buenas obras. Dice en Efesios 2:10: «Porque somos hechura suya, creados en Cristo Jesús para buenas obras, las cuales Dios preparó de antemano para que anduviésemos en ellas». Cada uno de nosotros tiene un propósito dado por Dios, el cual Él preparó de antemano. Es decir que, aun antes de crearte, se detuvo a preparar un propósito divino para que tú lo cumplieras sobre la tierra. Es tiempo de que ya no te conformes con solo existir, sino que puedas descubrir cuáles son esas obras que Dios ha preparado para ti. ¿Acaso no está escrito que haríamos cosas mayores que las que Él hizo cuando estuvo en la tierra? (ver Juan 14:12).

Eres linaje escogido, real sacerdocio, nación santa, pueblo adquirido por Dios; eres especial y tienes un propósito especial.

Somos llamados a anunciar las virtudes de Dios. Sabes, para esto Dios puede usarte en cualquier lugar, no necesariamente en la iglesia, sino también donde trabajas, estudias o vives. Lo importante es que sepas que tienes un propósito divino y que Dios te guiará para que puedas vivirlo al máximo.

Caminando con Dios descubrí, no solo cómo mi pasado me estaba robando mi vida y de qué manera el enemigo busca tenerme atada, sino también el poder para caminar en libertad y vivir plenamente, y que mi vida estaba escondida con Cristo en Dios. Esto mismo puso en evidencia los planes que Dios tenía preparados para mí, sueños que van más allá de mis expectativas, sueños sobrenaturales que solo puedes alcanzar por medio de Él.

Los propósitos de Dios para tu vida afectarán no solo el presente, sino también el futuro. Cuando caminas en los planes de Dios, te das cuenta de que las huellas que dejas tras de ti no perecen, ya que están cimentadas en la palabra de vida que permanece para siempre. Puedes impactar una vida, una colonia, una ciudad, una nación, las cuales seguirán impactando las generaciones por venir. No interesa si tu propósito es afectar a multitudes o al grupo de personas que te rodean. Lo que importa es que al vivir en la plenitud del propósito de Dios para tu vida estarás escribiendo historia. Pero no es simplemente una historia, sino una que no muere, pues lleva vida eterna y cambiará ciudades, pueblos, naciones, llevándoles la luz de la Palabra, para que sean libres de todo lo que los ata y puedan así conocer de una manera personal a Cristo, dejando que Él entre en sus corazones para darles una nueva vida, la vida que siempre estuvo en el corazón del Padre.

No dejes pasar este día sin tomar la mejor decisión para tu vida.

Que el Espíritu Santo pueda ser tu guía y te lleve a una plena libertad en Cristo Jesús.

Si este libro ha sido de bendición a tu vida, o si deseas compartir tu testimonio con nosotros, puedes escribirme a la siguiente dirección:

Cristina de Hasbún
Ministerio Abrazando tu Herencia
2ª Calle Oriente y 17 Av. Sur
Edificio Corbes # 48 Nueva San Salvador
La Libertad, El Salvador, C.A.
Telefax: (503) 2287-0434 • 2287-0435
Email: ath@Kemuel.com • ath@telecom.com